자연스럽다는 말

진화의 눈으로
다시 읽는
익숙한 세계

자연스럽다는 말

이수지

사이언스북스

사람은 복잡하고 자연은 단순하다고들 하지.
하지만 자연도 복잡할 수 있어.
— 영화 「나의 딸(Figlia Mia)」(2018년)에서

나무와 접촉하려면 나무에 당신의 손을 대야 하는데,
말은 당신이 그것과 접촉하는 것을 돕지 않을 것이다.
— 지두 크리슈나무르티(Jiddu Krishnamurti, 1895~1986년),
『아는 것으로부터의 자유(*Freedom from the Known*)』에서

들어가는 글

"이것도 인간 본성 아닌가요?"라는 질문을 자주 받는다. 인간 본성(human nature), 즉 인간이 자연적으로 지닌 감정, 생각, 행동과 그 기원에 관한 관심은 학계 안과 밖 모두에서 크다. 이른바 인간 본성을 다루는 대중 과학 서적이나 강연도 상당한 인기를 끌고 있다. 예를 들어 나처럼 출산 행동의 진화를 연구하는 사람은 "요즘 같은 저출생은 인간 본성에 어긋나는 거죠?" 같은 질문에 익숙한데, 그때마다 대답을 미뤄 왔다. 답을 몰라서가 아니라 잘못된 질문에 답을 할 수는 없었기 때문이다.

사람의 진화를 연구하면서 지식이 어떻게 만들어지고 세상 사람들의 생각과 연결되는지를 더 잘 알게 되었다. 주로 논문이나 동료 학자를 청중으로 한 학술 발표로만 지식을 나누다가, 학계의 생산물이 일상 언어로 소통되고 때로는 큰 파장을 일으키는 양상을 지켜본 생활인으로서의 경험은 내게 두 가지 사실을 새삼 일깨워 주었다.

첫 번째는 말의 힘이다. 예를 들어 사람의 어떤 특징을 '본성'이라 부르는 순간, 수많은 함의가 뒤따른다. '사람이라면 누구나 지닌 것이다.' '운명처럼 받아들여야만 하는 것이다.' '변하지 않는 것이다.' '문화와 반대항이다.' 학계에서는 이미 오래전 유효하지 않다고 판단된 개념이나 학설이 일상의 어휘로 살아남아, 마치 망령처럼 사람들의 생각과 심지어 행동에도 영향을 미치고 있었다. 여기에 과학이 어떤 현상을 이해하는 유일하고 최상의 방법이라는 과학주의(scientism)가 동참하면 "남자는 사냥꾼으로 진화해서 공감 능력이 떨어진다."나 "동성애는 자연스럽지 않다." 하는 말처럼 누군가를 병리화하는 발언이 과학적 명제로 둔갑해 회자되기까지 하는 것이다.

두 번째는 자연에 대한 동경이다. 문명과 기술이 개입하지 않은 순수한 상태를 자연이라 여기고 그쯤 어딘가에서 모종의 답을 구할 수 있을 거라는 바람 때문일까? 캠핑이 인기를 끄는 것이나, 소개팅이 인위적이라며 '자만추(자연스러운 만남 추구)'를 이상적인 만남의 형태로 보거나, 성형 수술을 하더라도 가능하면 자연스러운 결과를 원하는 모습을 쉽게 볼 수 있다. 한 라디오 프로그램의 진행자는 "쉽게, 편하게, 자연스럽게 살자……."라고 위로하듯 조언한다.

그 어느 때보다 자연에서 '답'을 찾으려는 풍조 속에서 진화과학은 주목받고 있다. 우리가 왜 이런 방식으로 느끼고 생각하고 행동하는지 기원을 알고 싶다면 자연과 그 진화사를 보라! 이 웅장한 메시지에 많은 이가 끌리는 이유는 인간의 생물학적 기원을 통해 '자연스러운' 인간성의 조건을 이해하고, 또 혹자는 회복하고자 기대하기 때문이다. 그런데 여기서 말하는 자연스러움이란 대체 무엇인가?

"자연스럽다."라는 말은 자연 그 자체와 구별된다. 사람의 어떤 행동이나 특성을 자연스럽다고 할 때 전달되는 긍정적 가치와 달리, 자연은 순수하지도, 편하지도, 또 쉽지도 않다. 우리는 있는 그대로의 자연을 좀처럼 견디지 못한다. 여름밤 공기는 사랑해도 모기약 없이는 즐길 수 없고, 고양이의 귀여움은 사랑해도 발정기 울음소리에는 당황하며, 삶은 사랑해도 늙어 가는 몸은 부정한다. 각자의 편의에 맞게 조성된 자연만이 '자연스러움'의 가치에 포섭된다는 사실을 우리는 쉽게 잊는다.

주말 나들이로 방문한 어느 시골 마을에서 우리는 농사 짓는 고단함이나 얼굴도 모르는 누군가의 생계를 하루아침에 끝장낼 수도 있는 태풍을 떠올리지 않는다. 잘 닦인 등산로를 걷고 안전 요원이 지켜보는 해변에서 바닷물에 발을 담근 뒤 횟집으로 향하며 자연이 좋다고 외치는 것이 '자연 친화'라면, 그것은 철저히 인간 중심적인 의미에서만 그렇다. 그 점에서 자연에 대한 동경은 우리가 믿고 싶어 하는 '자연스러움'을 확인하려는 바람에 불과하다

이 책은 무엇이 인간 본성인지 말하는 대신, 자연스러움을 이야기하고 또 추구하는 인간의 행동과 현상을 다룬다. 특히 진화 과학, 그중에서도 내가 공부하는 진화 인류학(혹은 생물 인류학)을 비롯해 진화 심리학, 행동 생태학 등을 포함하는 진화 행동 과학이 어떻게 이 현상에 기여하고 '인간 본성'을 둘러싼 대중 서사에 영향을 미치는지를, 자연스러움에 대해 이야기하는 우리의 일상 언어를 예로 들어 살펴본다. 그 점에서 이 책은 본성에 기대는 설명을 좋아하거나 싫어하는 사람 모두를 위한 것이다.

이 책은 과학자들을 위한 것이기도 하다. 진화 행동 과학은 분명 흥미진진한 연구 분야이지만, 연구자로서 나를 유독 멈춰 세웠던 순간들은 일부 과학자가 — 의도했든 아니든 — 차별과 낙인을 정당화하는 방향으로 과학 지식을 활용할 때, 그래서 과학이 자기 비판의 기능을 잃고 제도적 불평등을 지지하는 도구로 오용될 때였다.

오늘날 과학의 권위를 고려하면 '단지 과학적 사실을 말했을 뿐'이라는 선 긋기는 그 사회적 영향력을 간과하는 오만이다. 미리 분명히 해 두자면, 진화는 과학자들이 여러 세대에 걸쳐 수집하고 분석한 방대한 자료들을 통해 굳어진 과학적 사실이다. 그러나 진화가 사실이라고 해서, 예컨대 특정 인종이 '진화적으로' 우월하거나 특정 행동 양식이 더 타당하다는 주장이 입증되는 것은 아니다.

자연스러운 것은 항상 좋고, 정상적이고, 또 필연적이어서 우리가 꼭 지키고 따라야만 하는 것인가? 이 책을 통해 여러분과 함께 좇을 질문이다. 가능하면 끈질기게 묻자.

2021년부터 2022년까지 《가톨릭 평론》에 연재한 「자연스럽다는 말」에서 발전된 글들이 모여 책이 되었다. 묵은 생각들을 글로 나누게끔 독려해 준 백승임 작가와 김진호 목사, ㈜사이언스북스와 인연을 만들어 주신 전중환 교수에게 깊은 감사를 드린다. 이 책에 실린 원고들을 다듬어 주신 《가톨릭 평론》 김지환(파블로) 님, ㈜사이언스북스 편집부 여러분에게도 특별한 감사의 인사를 남긴다.

독일 로스토크에서

이수지

차례

들어가는 글   7

1부 자연에 대한 물음

1장 자연스럽다는 말   17
2장 인공적인 것은 싫다는 말   31
3장 자연에는 질서가 있다는 말   47

2부 인간에 대한 물음

4장 낳아 보지 않으면 모른다는 말   69
5장 여자라서 그렇다는 말   83
6장 남자라서 그렇다는 말   99
7장 이게 사람 본성이라는 말   119

3부 사회에 대한 물음

8장 짐승이라는 말   139
9장 (안) 낳는 것이 옳다는 말   155
10장 자연에 답이 있다는 말   175

나오는 글   200
후주   203
도판 출처   218
찾아보기   219

1부
자연에 대한 물음

1장
자연스럽다는 말
자연에는 답이 없다

2006년 노르웨이. 곤충학자이자 오슬로 대학교 자연사 박물관 전시 책임자이기도 한 게이르 쉴리(Geir Søli)는 동시대의 논쟁적인 이슈에 응하는 전시를 기획하라는 지침 앞에서 고심하고 있다. 전시 주제는 이미 정해졌고 재정 당국의 승인까지 받은 상태이지만, 이 전시가 공공 예산을 악용한다며 몇몇 교회 단체가 반대하고 나선 데다 전시 기획자들을 "지옥에나 가라."라고 비난하는 일부 여론 때문이다.[1]

우려와 관심 속에서 시작된 이 전시는, 동성(同性) 사이에서 성적 행동을 보이는 동물 50여 종의 사례를 선보이며 1년 동안 이어졌다. 많은 관람객이 전시를 찾았고, 이후 다른 여러 나라에서도 비슷한 전시가 이루어지는 계기가 되었다. 파리를 연구하는 쉴리 박사에게 수컷 초파리끼리의 교미 행동처럼 오래전부터 학계에서 잘 알려진 현상은 낯선 사실이 아니었을 터다. 동성 간의 다양한 성적 행동은 생물학자들의 체계적인 관찰과 실험, 또 여러 일화를 통해 1,000여 종이 넘는 동물에서 보고되어 왔으니 말이다.

하지만 학문계에서 한 발짝만 벗어나면 동성애는 사회적 논쟁의 중심에 있다. 저마다 지지냐, 반대냐의 입장을 표명하는 정치적 이슈다. 이때 동성애를 '반대'하는 사람들이 빈번하게 드는 이유가 있는데 바로 동성애가 '자연스럽지 않다.'라는 것이다.

바로 그 '자연'으로 사람들을 초대하는 것이 쉴리 박사의 목적이었다. 다른 수컷 기린의 엉덩이에 올라탄 수컷 기린. 반가움의 표시로 서로의 성기를 비비며 뒹구는 암컷 보노보(*Pan paniscus*)들. 짝짓기할 때의 전형적인 자세로 상대 수컷에게 날개를 활짝 펴 보이는 수컷 백조. 버려진 알, 혹은 훔쳐 온(!) 알을 가져다가 함께 품어 부화된 새끼를 키우는 수컷 펭귄 부부……. 과연 이 동물들은 쉴리 박사가 기획한 전시 제목 "Against Nature?"라는 말마따나, 자연에 반(反)하고 있던 것일까?

자연스러움의 어떤 경계

우리는 '자연'과 '좋음'을 연관 짓는 데 익숙하다. 자연스러운 풍경이 아름답다고 하고, 자연산 재료가 몸에 더 좋다고 생각하며, 타고난 몸을 성형하더라도 '자연스럽게' 하고 싶어 하고, 자연은 좋은 것이니 보호해야 한다고 말한다. 여기에는 자연과 비(非)자연, 자연스러운 것과 그렇지 않은 것이 구별되는 어떤 경계에 관한 생각이 담겨 있다. 그 경계를 넘어 자연스러움을 벗어나는 것은 '좋지 않다.'라는 가치 판단까지.

이 경계는 보는 이에 따라, 또 사안에 따라 그 선명함이 달라진다. 해와 달이 뜨고 지고, 사과는 땅으로 떨어지며, 살아 있는 것은 언젠가 죽듯 자연에는 일정한 질서가 존재한다. 이를 조직하는 물리학, 화학, 생물학적인 원리로부터 인간 또한 벗어나 살아갈 수 없다. 예컨대 우리 몸이 대기 중에서 땅으로 떨어지는 것은 자연스럽다. 하지만 자연스러움의 의미는 고정되어 있지 않다. 자연 원리에 대한 이해를 바탕으로 개발된 기술이 더해진다면, 사람 몸이 땅으로 떨어지는 대신 하늘을 나는 것 또한 자연스럽기 때문이다.

인간 행동의 준거를 자연에서 찾고자 할 때 자연스러움의 경계는 더욱 희미해진다. 즉 우리 행동을 이해하고 '어떻게 살아갈 것인가?'라는 질문에 대한 답을 자연에서 구할 때 말이다. 가령 태어난 생명이 언젠가 죽는 것은 엄연한 자연 현상이다. 하지만 죽음을 자연스럽게 받아들이는 것이 곧 죽음을 좋아하고 추구해야 한다는 이유가 되지는 않는다. 오히려 우리의 하루하루는 죽지 않기 위한 크고 작은 노력으로 채워져 있다. 길을 건널 때는 오고 가는 차를 살피고, 때가 되면 끼니를 챙기며 휴식을 취하는 등, 살아남기 위해, 나아가 서로에게 의미 있는 삶을 살기 위해 애쓰는 것 또한 자연스러운 게 아니냐고 누군가는 말할 것이다. 그러나 동시에 병들지도 죽지도 않는 삶이 있다면 이 또한 자연스럽지 않다고 누군가는 반문할 것이다. 이처럼 누구나 동의하는 '자연스러움'의 경계를 긋는 일은 말처럼 쉽지 않다. 자연스럽다는 말 속에는 좋음과 나쁨에 대한 서로 다른 가치 판단이 담겨 전달되기 때문이다.

"동물들도 하니까."

2020년 1월 로이터 통신에 따르면, 이스라엘 교육부 장관에 취임한 랍비 라파엘 페레츠(Rafael Peretz, 1956년~)는 동성애자들의 성적 지향을 이성애로 전환하는 요법을 지지한다고 밝히면서, 본인의 자녀들이 동성애자가 아니고 '자연스럽게' 자란 데 신께

감사한다 말했다고 한다.[2] 동성애를 자연의 이치에서 벗어나는 현상으로 보고 비판하거나 반대하는 이런 취지의 발언은 우리 주위에서도 심심치 않게 들을 수 있다.

여기에 대응하는 한 가지 방식이 바로 오슬로 대학교 자연사박물관 전시처럼 동물들의 다양한 동성 행동을 반례로 드는 것이다. 즉 동성애를 사람이 아닌 다른 동물도 한다는 점에서 자연에도 존재하는 동성애를 "자연스럽지 않다."라고 말할 근거는 없다고 주장하는 식이다.

동성인 개체 사이의 성적 행동은 실제로 지금까지 1,000여 종이 넘는 무척추 및 척추 동물에게 관찰되어 왔다.[3] 여기서 '성적 행동'은 성적 유희에서 짝짓기 때 전형적으로 나타나는 행동들(예컨대 뽐내기, 함께 다니기 등)은 물론이고, 이를 통해 친밀함을 나누고 때로는 함께 자식을 키우는 것까지 그 폭이 넓고 또 다양하다. 같은 집단에 이성(異性) 개체가 있어도, 집단에 따라서는 이성 개체와의 성적 행동보다도 빈번하게 나타나기 때문에 많은 종에서 동성 간 성적 행동, 줄여서 동성 행동(homosexual behavior)은 일상 행동의 레퍼토리 중 하나라는 것이 학계의 일반적인 견해다.

이처럼 동성 행동이 동물계에 만연하다는 사실은, 동성애가 자연스러운 행동이고 따라서 정당하다고 주장할 근거를 제공하는 듯하다. 그러나 잠시, 이 주장을 앞서 소개한 랍비가 했을 법한 주장과 비교해 보자.

> 주장 1: "동성애는 자연스럽지 않아, 자연의 이치에 어긋난다고. 동성 행동은 용납할 수 없어."
>
> 주장 2: "웬걸 랍비 선생, 동물들도 동성 행동을 한다는데? 자연을 신께서 창조하셨다면, 그 자연 속에 동성애도 포함된다는 말이야. 사람의 동성 행동도 정당하다고 봐야 해."

얼핏 상반된 주장을 하는 이 둘은 어딘가 닮았다. 동성 행동이 자연스러운지 아닌지를 근거로 동성애의 정당함을 따지고 있다는 점에서 그렇다. "X는 자연스럽다, 고로 X는 정당하다/좋다."라는 논리를 공유한 둘은 서로 거울상을 이룰 뿐이다.

자연에 호소하는 오류

이 점을 더 명확히 하기 위해 이렇게 질문해 보도록 하자. 만약 동성 행동이 동물들에서 한 번도 관찰되지 않았다면, 동성애를 '반대'하는 이들을 반박할 근거가 그만큼 약해질까? 어떤 행동이 자연 상태에서 관찰된다는 사실로 그 행동의 정당성, 나아가 옳고 그름을 판단할 수 있을까? 이를 논리학에서는 '자연주의의 오류(naturalistic fallacy)' 또는 '자연에 호소하는 오류'라고 한다. 오류인 까닭은 무엇일까?

첫째, 무언가의 존재(what is)는 그것의 가치(what ought to be)와 별개의 문제다. 예컨대 공격성은 많은 동물에서 빈번하게 나타나는 현상이다. 즉 공격성은 자연 현상으로서 존재한다. 하지만 이로부터 공격성이 존재할 만한 가치가 있는 현상인지 입증할 수는 없다. 공격성이 가져오는 부정적인 결과가 정당화되지도 않는다.

둘째, 우리는 자연을 '있는 그대로' 인식하지 못한다. 자기가 옹호하는 것, 옳다고 생각하는 것, 가치 있다고 여기는 것에 부합하는 사례에만 선택적으로 주의를 기울이는 확증 편향(confirmation bias) 때문이다. 그래서 자연에서 얻었다는 '답'이 그저 우리가 확인하고 싶었던 어떤 사실일 가능성이 크다. 예컨대 공격성이 인간, 특히 남성의 본성이라 여기는 일반적 시선에 갇히면 정작 공격 행동을 보이지 않는 동물이나 점박이하이에나(*Crocuta crocuta*)처럼 암컷이 더 공격적인 사례는 간과되기 쉽다. 점박이하이에나는 암컷이 수컷보다 몸집도 크다. 흥미롭게도, 똑같은 예들을 이용해 '공격성은 남성의 본성이다.'에 반하는 주장을 펼 수도 있다. 하지만 우리는 본성에 대한 각자의 믿음에 입각해 자연을 바라보고 있을 뿐이다. 정작 자연은 공격성의 양상과 정도가 저마다 다른 수많은 종으로 이루어져 있음에도 말이다.

인간이 본래 악하다고 보는 성악설(性惡說)은 우리가 자연에 투사하는 대표적인 믿음이다. 한국에도 잘 알려진 소설 『파리 대왕(Lord of the Flies)』은 무인도에 표류한 남자 아이들이 경쟁과 폭력으로 파국을 맞는 과정을 보여 준다. 1954년 출판된 이 소설이 전 세계 30여 개 언어로 번역되고 1983년 지자 윌리엄 골닝(William Goldin, 1911~1993년)이 노벨 문학상을 받는 사이, 1965년 남태평양 통가에서는 실제로 남자 아이 6명이 무인도에 표류한 일이 있었다. 『파리 대왕』과는 달리 이 아이들은 나름의 규칙을 만들어 공동체를 꾸리고, 불씨가 꺼지지 않게 잘 지키며 야생에서 각종 먹거리를 조달한 끝에 15개월 만에 구조될 때까지 건강하게 살아남았다. 다리가 부러진 동료는 뼈가 붙을 수 있도록 나뭇가지로 부목(副木)을 만들어 잘 돌봐 주었고, 언쟁 후엔 각자 섬 반대편에 가서 몇 시간 보낸 뒤 돌아와 사과하는 것을 규칙으로 삼았다고도 한다. 흥미롭게도 『파리 대왕』은 실화를 바탕으로 했다고 여겨지는 반면, 통가에서 전해 오는 진짜 실화는 그만큼 알려지지 않았다. 인간의 '자연 상태'가 악하다고 믿고 싶은 마음이 커서일까? 믿고 싶은 마음에 집중하는 대신, 정작 그 믿음이 어디서 왔으며, 자연 상태의 인간성을 따지는 것이 애초에 의미 있는 질문인지 묻는 것은 어떨까?

결국 자연주의의 오류는 어떤 자연 현상이 좋고 나쁨의 성질을 얻는 과정에 '무엇이 좋은가?'에 대한 인간 자신의 가치 판단이 선행되고 있음을 지적한다. 그런데 마치 자연이 먼저 존재하고 그로부터 가치가 도출되는 양 생각하는 것이 오류라는 것이다.

따라서 자연에서 답을 구하기 이전에 자연에 투사되고 있는 나의 가치 체계가 무엇인지 먼저 물어야 할 과제가 주어진다. 예컨대 『파리 대왕』의 저자 윌리엄 골딩은 "나는 언제나 나치(Nazi)를 이해할 수 있었는데, 나도 그런 부류의 사람이기 때문이다."라며 자신이 독일에서 태어났다면 나치가 되었으리라고 말했다고 한다.[4] 『파리 대왕』을 인간 본성의 텍스트로 읽기 전에 소설에 투영된 저자의 인간관과 먼저 마주해야 할 것이다. 마찬가지로 왜 인간과 계통적으로 가장 가까운 두 현생 유인원인 침팬지(*Pan troglodytes*)와 보노보 가운데 유독 공격성이 두드러지는 침팬지가 인간 진화의 모형으로 더 관심을 받는지, 왜 이성 동물 간의 성적 행동만이 '정상' 행동의 범주를 논할 때 인용되는지 적극적으로 되묻기를 자연주의의 오류는 요구하고 있다. (7장 「이게 사람 본성이라는 말」 참조)

자연에 호소하는 오류, 그 너머의 무지개

2002년 영국의 채널4 방송국에서 방영된 다큐멘터리 「게이 동물에 관한 진실(The Truth about Gay Animals)」은 동물들의 성적 행동을 알아 나가는 코미디언 스콧 카푸로(Scott Capurro, 1962년~)의 시선을 담고 있다. 수컷 백조들끼리 짝을 지어 둥지를 치고 때에 따라서는 암컷 백조와 셋이 함께 새끼를 낳아 기르는 일이 관찰된 영국 어느 마을을 찾아가 사육사와 이야기를 나누고, 이성 개체와 함께 두어도 언제나 동성 개체하고만 성관계를 맺는 일부 양들의 뇌 구조를 연구하는 연구실을 방문하는 다큐멘터리 속 여정을 통해 카푸로는 사람에서 동성애가 자연스럽다는 확신에 이른다.

본인이 동성애자이기도 한 카푸로는 흥분을 감추지 못하지만, 막바지에 이르러 크게 낙담하고 만다. 영국의 동성애 반대 캠페인을 이끌던 한 전직 정치인을 찾아가 동물들의 영상을 보여 주자, 이들 사례는 극히 예외일뿐더러 불쾌하다며 인터뷰를 중단해 버렸기 때문이다.

카푸로는 동물들이 동성 간 성적 행동을 한다는 사실만으로는 동성애 혐오를 거둘 수 없음을 깨닫는다. 하지만 그는 실망보다 더 크고 확실한 앎을 얻었다. 바로 수많은 동물이 다양한 방식으로 동성 개체와 성적 행동을 한다는 사실, 비록 다수는 아닐지라도 일정한 비율로 자연계에 이러한 행동이 존재한다는 사실 말이다.

이 사실을 받아들인 뒤 바라보는 자연은 복잡하기 그지없다. 실제로 많은 동물학자가 동성애를 행동적으로 정의하는 데 애를 먹고 있고(이 글에서 굳이 '동성 동물 간의 성적 행동'이라는 표현을 쓴 까닭이기도 하다.) 동성애의 진화를 설명하기 위해 제시된 가설만 여러 개다. 동성 개체들이 성적 행동을 하는 이유와 그 진화적 배경이 종마다 다르고, 같은 종 안에서도 행동의 정도와 양상이 다르게 나타나기 때문이다.

물론 지금까지의 연구를 통해 비교적 일관되게 관찰되어 온 것들이 있다. 여러 동물이 자발적으로, 그리고 다양한 방식으로 동성 간의 성적 행동을 하며, 이는 적어도 조류와 포유류에서는 개체 간의 유대를 강화하는 기능을 보인다는 것, 그리고 유대 관계는 사람 같은 사회성이 강한 동물에게는 생존에 직접 영향을 끼칠 만큼 중요하다는 것이 최근 연구의 소견이다.

2000년 11월, 시 라이프 시드니 아쿠아리움(Sea Life Sydney Aquarium)의 수컷 젠투펭귄(*Pygoscelis papua*) 스펜(Sphen)과 매직(Magic)이 두 번째로 품은 알이 성공적으로 부화해 새끼가 태어났다는 소식이 전해졌다.[5] 조약돌을 가져다 번갈아 품는 수컷 펭귄들에게 진짜 알을 주었더니 정성껏 품어 새끼를 부화시켜 키웠다는 이야기는 전 세계 여러 동물원에서 보고된 바 있다. 야생에서도 버려진 알이나 훔친 알을 함께 품고 부화시키는 동성 펭귄들이 여러 번 관찰되었고, 어느 알바트로스 과(Diomedeidae) 군집에서는 암컷 부부들이 평균 4년에서 실게는 19년 동안 함께 짝을 이뤄 지냈다는 연구 결과도 있다. 이들이 맺은 관계가 무엇이었는지를 인간의 잣대로 판단하기 이전에, 그리고 이와 무관하게, 이들이 나름의 방식으로 유대를 형성하고 있었음은 부인하기 어렵다.

그렇다면 우리는 "동성애는 자연스러운가?"라는 질문에 어떻게 답할 수 있을까? 쉴리 박사의 전시에서 나오는 이들과 우리가 함께 품을 이 질문에 대한 답은 자연에서 구하려고 하는 대신 온전히 우리의 몫으로 남겨야 한다. 수컷 펭귄 스펜과 매직의 마음으로, 그리고 이들에게 혐오도 편견도 던지지 않은 동료 펭귄들의 마음으로 품은 이 질문은, 어쩌면 또 다른 질문을 잉태하고 있는지도 모른다. 자연이 우리의 선입견을 뒷받침하는 데 사용되는 수동적 실체가 아니라 우리의 선입견에 이의를 제기하는 열린 텍스트임을 받아들인 우리 모두에게 떠오를 무지개 같은 그 질문, 즉 '당신이 말하는 자연스러움이란 무엇인가?'를 자연은 우리에게 되묻고 있다.

2장
인공적인 것은 싫다는 말
인공 피임, 영아 살해, 그리고 백신

꿀, 소금물, 양가죽, 창호지, 이집트아카시아(*Vachellia nilotica*) 열매, 악어 똥, 돼지 창자, 레몬, 식초……, 얼핏 낯설고 엉뚱한 이 조합은 현대식 피임법이 보편화되기 전 여러 문화권에서 사용되었다고 알려진 피임 처방의 재료들이다. 19세기 말 고무를 말랑하게 가황 처리하는 기법이 발명된 것을 계기로 콘돔이 만들어지고, 의학 지식과 기술의 발전으로 불임 시술과 피임약 등이 등장하기 한참 전부터 사람들은 피임을, 그러니까 원하지 않는 임신을 피하는 법을 고민하고 강구했다.

각종 피임법과 피임에 필요한 다양한 재료와 도구가 소개된

옛 문서들은 그 기원이 기원전으로까지 거슬러 올라간다. 예컨대 이집트와 메소포타미아에서는 덜 익은 이집트아카시아 열매를 으깨 꿀, 캐럽(carob) 열매와 섞고 천에 바른 뒤 질에 삽입, 지금의 탐폰과 같이 사용했다고 한다.[1] 이집트아카시아 열매가 발효되면서 분비되는 젖산은 실제로 살정(殺精) 효과가 어느 정도 있다고 전해진다.

하지만 이러한 피임법들이 얼마나 효과적이었을지는 의문이다. 토끼 항문을 엮어 만든 목걸이가 성관계 자체를 '예방'하는 효과 외에 딱히 피임 기구로서 역할을 했을까? 성관계 후 정해진 횟수만큼 팔짝팔짝 뛴다든지 재채기하는 것은 또 어떠한가? 수은이나 납을 복용하고 간장을 다섯 되 들이켜는 등의 민간 요법은 임신을 중단시키는 데 탁월한 효과가 있었을 게 분명하지만, 이는 여성의 몸 전반에 적지 않은 해를 입히는 것의 부수 효과에 불과했을 터다.

이처럼 그 효과가 의심됨에도, 심지어 여성 자신의 몸에 해로울 수 있음에도 다양한 피임법이 사용되었다는 사실은 원치 않는 임신을 피하려는 동기가 현대의 구성물이 아니라는 담담한 사실을 드러낸다.

신이 허락하지 않은, 자연스럽지 않은

피임하고자 하는 동기와 무관하게, 피임을 바라보는 시선은 그리 담담하지 않다. 많은 사회에서 피임은 혼외 성관계와 연관되어 부정적으로 인식되었고 여전히 그러하다. 국가, 혹은 종교라는 제도가 인정한 혼인의 범주 밖에서 이루어지는 성관계가 금기시되는 만큼, 피임 또한 음지화되었다. 혼인 관계 안에서조차 피임은 양지화되지 않는다. 특히 기독교를 비롯한 전통적 사고관에서 피임은 여자가 '알아서 하는 것'이고 남자들은 '꺼린다.'

1930년 성공회가 람베스 회의(Lambeth Conference)에서 공식적으로 피임을 인정하고 이후 여러 개신교 종파가 이를 따른 것과 달리, 로마 가톨릭 교회는 지금까지도 피임을 금지한다. 가톨릭의 영향력이 큰 나라에서는 피임하려는 동기 자체를 죄악시하는 분위기 때문에 피임약을 처방받기조차 쉽지 않다.

피임에 대한 가톨릭 교회의 견해는 대체로 부정적이었지만, 이처럼 날을 세워 반대하는 것은 최근 들어서다. 직접적인 계기는 1960년대 초반 호르몬 피임약이 개발, 상용화되기 시작하고 여성주의 운동이 한창이던 1968년, 교황 바오로 6세(Paulus PP. VI, 1897~1978년)가 발표한 회칙 「인간 생명에 관해(*Humane Vitae*)」에서 '인공적인(artificial)' 피임을 금지한 데에 있다.[2]

성관계의 '자연스러운' 목적이 출산이라는 전제하에, 인공적으로 임신을 가로막는 것은 신(神)의 뜻에 거스른다는 게 금지 이유였다. 콘돔, 살정제, 정관 수술은 정자의 '자유로운' 움직임을 막고 피임약은 '자연스러운' 월경 주기를 임의로 조정하므로 인공적이고, 고로 금지된다. 그러나 월경 주기를 정상화하기 위해, 즉 임신과 출산의 '자연적인' 조건을 조성하기 위해 피임약을 사용하는 것은 허용된다. 비슷한 기조로 영국의 어느 추기경은 유전자를 조작해 희귀 질병을 예방하려는 시도를 "자연스러운 출산" 과정을 방해하는 것이라고 비난했다. 성관계, 임신, 그리고 출산에 이르는 과정에서 '개입하지 않는 것'으로서 '자연스러움'을 신의 뜻과 병치시키는 논리가 인상적이다.

굳이 신을 소환하지 않아도 자연스러운 피임과 그렇지 않은 피임을 나누는 것은 가능하다. 가령 별다른 피임 도구를 사용하지 않고 배란기에 성관계를 하지 않음으로써 임신을 피하는 방식을 '자연 피임(natural contraception)'이라고 한다. 자연 피임은 현대에도 널리 사용되고 있다. 하지만 실패율은 가장 높다. 평균 28일의 월경 주기 안에서 대략 14일째에 배란이 일어나지만, 정확한 배란일은 여성마다 다르고 월경 주기 자체도 사람마다 다른 데다 한 사람의 경우에도 일정하지 않기 때문이다. 참고로 자연 피임은 '자연스러운' 월경 주기에 성관계를 맞추는 것이므로 가톨릭에서도 허용한다.

흥미롭게도 자연 피임 개념이 피임약 전반에 대한 거부로 확장되는 경향이 최근 등장했다. 에스트로겐(estrogen)과 프로게스테론(progesterone) 같은 호르몬의 수치와 주기에 영향을 줌으로써 작동하는 피임약이 '자연스러운' 생리 리듬을 해친다는 생각과 '자연스럽지 않은 것은 나쁘다.'라는 가치 판단이 결합한 결과다. '내추럴 사이클스(Natural Cycles)'라는 이름의 생리 주기 추적 앱이 '호르몬 없는' 피임법과 함께 유행한다든가, 피임약을 거부하는 인플루언서들의 주장이 사회 관계망 서비스(SNS)에서 반향을 일으키고 있다. 여기에는 피임약의 부작용을 호소해 온 여성의 목소리를 귀담아듣지 않은 의약계에 대한 반발의 의미가 분명히 있다. 그러나 여기에는 현대 의약학에 대한 반감을 역이용해 여성의 성적 자기 결정권을 저해하려는 새로운 움직임도 숨어 있을 수 있어 주의를 요한다. 가령 피임약이 뇌종양이나 불임을 일으킨다는 등의 거짓 정보는 피임약에 대한 두려움을 조장하고 결과적으로 원하지 않는 임신의 위험을 높일 수 있다.[3] 여기에 제도 변화가 더해져 피임약 '거부'가 '금지'로 이어지는 경우도 있다.

미국 텍사스 주는 2024년 초 청소년이 피임약을 처방받는 데 부모의 동의가 필요하다고 한 하급심 판결을 유지했다. (나이, 수입, 이민자 여부 등과 상관없이) 누구나 비밀리에 피임약을 처방받을 권리를 명시한 공중 보건법 제10편(Title X of Public Health Service Act)을 침해하는 조치다. 이는 임신 6주 이후부터는 강간이나 근친 상간 사유를 포함한 모든 임신 중절을 금지하는 미국의 전반적인 제도 변화 속에서 일어난 것으로, 결국 원하지 않는 임신의 위험이 여성의 몫으로 돌아올 수 있음을 의미한다.

가톨릭과 자연 피임 운동은 서로 다른 영역에서 펼쳐지는 듯하지만, 인공적이라는 이유로 피임약을 기부하고 나아가서는 금지한다는 점에서 결이 같다. 둘 다 신 또는 신격화된 자연은 옳다는 가정에 기대면서도 이 가정을 입증하지는 않는 '선결 문제 요구의 오류(*petītiō principiī*)'를 범한다. "피임약은 나빠, 자연스럽지 않으니까."라고 말할 뿐, '자연스러운 것은 왜 좋은가?'라는 물음에 답하지 않는 것이다.

하지만 어쩌면 더 흥미로운 것은 피임약에 대한 각종 '입장'들에 아랑곳하지 않는 '행동'이다. 우리는 그 어느 때보다도 피임약을 많이 사용하는 시대를 살고 있다. 유엔 인구 기금(United Nations Population Fund, UNFPA)의 추산에 따르면, 2019년 한 해에만 전 세계 8억 4000만 명에 달하는 여성이 자연 피임이 아닌 피임법을 사용했고 호르몬 피임약은 여성 불임 시술과 콘돔 다음으로 많이 사용되는 피임 방법이다.[4]

이것은 원하지 않는 임신은 우리가 생각하는 것보다 자주 더 일어나며, 이를 피하고자 하는 동기 또한 크다는 것이다. 같은 추산에서 매년 절반 가까이 되는 임신이 계획하지 않은 임신이었다. 주요 원인으로는 안전한 피임법에 대한 정보 부족, 접근하기 어려운 피임약, 원하지 않는 성관계를 거부할 수 없는 문화 등이 꼽혔다. 정치적 불안정성은 이러한 상황을 더욱 악화시킨다. 피임하고 싶지만 할 수 없다고 밝힌 여성의 수는 2019년에만 1억 명이 넘었다.

피임의 자연사

임신과 출산으로 이르는 과정에 개입하려는 모든 노력을 '자연스럽지 않다.'라며 신의 이름으로 비난하고, 또 인체의 '자연스러운' 리듬을 깨뜨린다는 이유로 피임약 사용을 반대하는 주장 모두 행위의 자연스러움을 규정하는 데 집중할 뿐, 피임하는 동기 자체를 묻지 않는다.

우리는 다시 이 글의 서두에서 소개한 전통 피임법의 세계로 돌아온다. 이집트아카시아 열매와 꿀에서 악어 똥에 이르기까지, 지금 보았을 때는 효과가 의심스럽고 심지어 신체에 해로울 것이 분명한 전통 피임법들은 여성의 성적 자기 결정권이 지금보다 약했던 시절 원치 않은 임신을 피하고자 했던 노력의 흔적이다. 그런데도 피임에 실패했을 때, 간장 다섯 되를 들이켰는데도 임신 중절에 실패했을 때, 영아 살해는 원하지 않는 임신을 피하는 안전하고 효과적인 방법이 없는 상황에서 택하는 차선책이었을 가능성이 크다. 아무리 현대 인권의 잣대로 비윤리적일지라도 말이다.

영아 살해를 목저으로 임신히는 경우는 거의 없을 터이다. 이전 세대의 유전 정보를 다음 세대로 전달하는 것이 진화의 가장 기본적인 정의이고, 그런 의미에서 새끼를 '죽이기 위해' 번식을 하는 형질은 자연 선택되지 않았을 것이 분명하다. (그렇지 않았으면 우리는 여기 존재하지 않았을 것이다!) 그러나 다음 세대로 유전 정보가 전달되기 위해서는 새끼가 태어나는 것만으로는 부족하다. 태어난 새끼가 건강한 성체로 자라야 한다. 이를 도모하는 양육은 다채로운 방식으로 진화했다. 자식이 태어나자마자 어미의 몸을 먹이로 내주는 거미류부터, 깊은 구멍에 많은 알을 낳는 것으로 양육까지 마치는 바다거북, 자식이 성체가 된 뒤에도 많은 시간을 함께하며 종종 자식 간에 차등적으로 자원을 분배하는 사람까지.

특히 사람처럼 긴 생애에 걸쳐 대체로 한 번에 새끼 한 마리를 낳으며, 자식 하나에 많은 시간과 물적 자원을 들이는 대형 포유류에게는 '지금 새끼를 낳을 것인가, 낳는다면 얼마나 자원을 들여 키울 것인가?'가 중차대한 문제가 된다. 오랑우탄의 경우 새끼가 젖을 떼고 다음 새끼를 낳을 수 있을 때까지 6년이 넘는 시간이 걸리고, 생애 초기 생존율도 매우 높은 편이다.[5] 그 정도로 긴 시간과 많은 자원을 새끼 한 마리에 들인다는 뜻이다.

자식을 건강한 성체로 키울 수 있는 '최상의' 시점은 100퍼센트의 확률로 존재하지 않는다. 환경은 늘 변화하고 어느 정도는 불확실성을 지닐 수밖에 없기에, 부모가 번식을 계속 늦출수록 그 전에 죽을 가능성은 커지기만 한다. 그래서 '충분히' 건강하지 않거나 자원을 확보하기 어려운 상황임에도 부모가 임신, 출산을 하는 일은 비일비재하다. 게다가 여기서 '충분히'라는 표현은 묘연하다. 모든 개체의 삶은 저마다 불완전한 조건 속에서 시작되고 이어지기 때문이다.

이처럼 불확실한 조건에서, 개체가 처한 상황과 변화하는 양상에 비추어 임신할지, 또 임신을 지속시킬지를 감시하고 결정하는 각종 기전이 진화했다. 가령 새끼가 생존할 확률이 낮은 환경에서는 자연 유산이 일어날 확률이 높다. 비슷한 예로 낯선 수컷의 냄새만으로도 임신이 종료되는 현상이 영장류에서도 관찰된 바가 있는데, 이를 암컷 설치류에서 처음 발견한 학자 힐다 브루스(Hilda Bruce, 1903~1974년)의 이름을 따 '브루스 효과(Bruce effect)'라 부른다. 이는 임신이 시작되었으나 태어날 새끼가 건강하게 성체로 자랄 확률이 낮을 때 더 늦기 전에 양육에 들어가는 자원을 막고 다음 임신을 기약하는 생리적 기전의 진화로 여겨지고 있다. 그렇게 함으로써 '더 나은' 미래에 새끼를 낳아 키우는 것을 기약할 수 있을까? 이 또한 불확실할지라도 말이다.

이처럼 어떤 행위가 자연스러운지 따지려 들기보다 행위의 동기에 가 닿을 때, 우리는 각자의 속마음만큼이나 복잡한 풍경과 마주하게 된다. 현재 조건에서 감당할 수 없다는 의미에서 '원하지 않는' 임신을 피하려 각종 위험과 때로는 윤리적 딜레마까지 감수했던 어떤 풍경, 피임의 자연사 말이다. 이곳에서 피임은 유산과 임신 중절, 나아가 영아 살해와 같은 뿌리에서 뻗어 나온다. 그 뿌리는 지금 여기에 선 개체가 들일 수 있는 양육의 비용을 저울질하며 번식의 어느 시점에든 적극적으로 개입하고자 하는 동기다. 피임은 임신 전에, 유산과 임신 중절은 임신 중에,

그리고 영아 살해는 출산 뒤에 이루어지는 행동이다. 인지와 의도를 강조하는 인간의 도덕성은 유독 임신 중절과 영아 살해를 탓하지만, 자연은 그렇게 보지 않는다. 진화는 다음 세대로 유전 정보가 전달되는 과정일 뿐이며, 우리는 각자가 처한 조건 안에서 최선을 다할 동기만 지녔기 때문이다.

자연은 안전하고 순수한가

생식권(reproductive rights, '재생산권'이라고도 한다.)이라는 개념이 낯설었던 먼 옛날부터 이어져 온 피임의 자연사에는 안전하고 순수한 자연이란 없다. 거기에는 성관계에서 임신, 임신에서 출산으로 이어지는 과정에 개입함으로써 자신의 몸을 — 삶을 — 보존하려는, 서로 다른 여성들이 지닌 저마다의 동기가 뒤엉켜 있을 뿐이다. 이는 비교적 안전하고 효과적인 피임법이 그 어느 때보다 널리 보급된 지금도 마찬가지다.

예컨대 피임약은 혈액 응고 기전을 활성화해 혈전을 만들 위험이 있는데, 이 부작용은 사용자 1,000명 중 1명꼴로 나타난다.[6] 그러나 이 위험은 언제나 상대적이다. 가령 50대 흡연 여성이 10년 안에 폐암에 걸릴 확률은 1,000명 중 14명이다.[7] 피임약을 먹고 혈전을 경험할 확률보다 높다. 지금까지도 활발히 연구

되고 있는 일부 코로나19 백신의 부작용에 비하면 어떨까? 일부 백신에서 보고된 혈소판 감소를 동반한 혈전증(thrombosis with thrombocytopenia syndrome)의 경우 그 확률이 10만 명당 3명이 안 되는 것으로 나타났다.[8] 코로나19에 걸릴 확률보다 훨씬 낮고, 피임약을 먹고 혈전증에 걸릴 위험보다도 낮다. 그런데도 피임약 반대보다 백신 반대 운동이 더 거세다는 것은, 현대 의학에 대한 여러 불신과 두려움이 반드시 객관적인 위험의 수치에만 근거하지 않음을 보여 준다. (무료) 백신이 있음에도 맞지 않는 거부 운동은 2019년 세계 보건 기구(World Health Organization, WHO)가 내놓은 '세계 보건에 가장 큰 위협이 되는 10가지 요인' 중 하나다.[9]

잘 알려진 부작용에도 불구하고 전 세계 수많은 여성이 여전히 호르몬 피임약을 먹는다. 물론 혈전증을 원해서가 아니다. 부작용과 그로 인한 사망 위험보다 원치 않는 임신을 피하고 싶다는 마음이 그만큼 크기 때문이다. 실패율이 높은 다른 피임법(예컨대 '자연 피임'으로 불리는 월경 주기법이나 앞서 소개한 각종 전통 피임법)에 비해 부작용 대비 효율이 훨씬 높기 때문이다.

위험하거나, 조금 덜 위험하거나

마찬가지 이유로 우리는 백신을 맞는다. 모든 약이 그러하듯 백신에도 일정한 부작용이 있지만, 그 위험이 백신을 맞지 않아 죽을 위험보다 훨씬 적기 때문이다. 즉 죽지 않기 위해 죽을 수도 있는 가능성을 어느 정도 감수하는 것이다.

과거 자료를 연구한 결과에 따르면, 산업 혁명기 같은 비교적 최근까지도 태어난 아기 넷 중 하나는 돌을 넘기지 못했고 절반 정도만이 15세까지 살아남을 수 있었다.[10] 이렇게 문명 사회의 인간 집단에서 생존율이 낮았던 이유, 그리고 이 정도로 낮은 생존율이 야생 영장류 집단에서도 보이는 가장 큰 이유는 전염병이다.

그중 가장 흔하고 사망률이 30퍼센트에 달하는 치명적 전염병이 천연두(smallpox)였다. 살아남더라도 대다수는 얼굴에 흉한 자국을 안고 살아가야 했다. 끔찍한 질병이었던 만큼, 천연두에 걸리지 않기 위한 인류의 노력 또한 끈질기고 오래되었다.

눈에 보이지 않는 세균이 퍼져 질병을 일으킨다는, 지금은 상식이 된 사실이 알려지기 훨씬 전부터 사람들은 천연두에 한 번 걸려 살아남으면 다시 걸리지 않거나 걸리더라도 최소한 증상이 심하지 않다는 사실을 관찰했다. 이에 착안해 중국에서는 천연두 환자의 물집에서 고름을 추출해 건강한 사람에게 주입하는 인두법(人痘法, variolation)이 개발되었고, 인도에서는 물집 표면을 긁어 내 건강한 사람의 피부에 바르기도 했다. 이렇게 천연두 감염을 유도한 경우, 자연적으로 천연두에 걸린 경우보다 생존율이 높았다고 한다. 하지만 여전히 안전하지 않은 방법이었다.

결정적인 변화는 1700년대 말 영국의 어느 농장에서 찾아왔다. 의사 에드워드 제너(Edward Jenner, 1749~1823년)는 농장 근로자들은 천연두에 걸리지 않는다는 점에 착안해, 소에서 옮아온 우두(牛痘, cowpox) 균이 사람 몸에서 면역 기능을 한다는 사실을 밝혀냈다. 그는 우두 물집에서 추출한 물질을 라틴 어로 "*variolae vaccinae*(소의 천연두)"라 불렀는데, 여기서 소를 뜻하는 vaccinae는 백신(vaccine)이라는 단어의 어원이 되었다.

제너의 백신은 천연두에 걸린 사람의 조직(고름이든 물집 딱지든)을 주입하는 예전 방식보다 더 안전했다. 그러나 사람들의 반감은 더 컸다. (사람이 아닌) 동물의 조직을 몸에 주입하는 것이 자연스럽지 않다는 이유에서였다. 여기서 부자연스러움은 불결함의 가치, 인간과 인간 아닌 것의 경계가 희미해지는 데서 오는 두려움과 연결되었다. 사람들은 동물 조직을 주입하면 '인간성'을 잃을 수도 있다고, 심지어 사람이 소로 변해 버릴 거라고 두

려워했다. 천연두 백신을 맞고 나타나는 가려움 같은 각종 부작용은 '야만성'이 '인간성'을 침식할 때 나타나는 증상이라 여겨졌다.

그러나 천연두 백신 덕분에 1810~1820년에 천연두 사망률이 절반으로 줄어들면서 두려움은 차차 사라졌다. '마마'라 불리며 한국 역사에도 깊이 자리해 온 천연두는 20세기 들어 적극적인 백신 접종 덕분에 1980년 WHO의 공식적인 선포와 함께 종식되었다. 이제는 그조차도 옛날이야기가 된 1990년대 비디오테이프 경고 멘트와 함께 말 그대로 역사가 된 것이다.

완벽한 안전은 없다

우두에 걸린 소에서 추출되었다는 데서 오는 반감, 그리고 백신 자체가 가져오는 부작용에도 천연두 백신이 적극적으로 보급될 수 있었던 이유는 무엇일까? 백신을 안 맞았을 때 나와 내 가족, 이웃에게 초래될 위험이 백신에 대한 심리적인 거부감과 부작용의 가능성보다 훨씬 컸기에 결정의 저울이 한쪽으로 기운 것이다.

코로나19 백신 논의가 한창이던 몇 해 전, 우리는 어떤 저울질을 하고 있었는가? 이미 우리는 그 답을 알고 있다. 100퍼센트 좋은 것, 100퍼센트 안전한 것은 자연에 존재하지 않으며 단지 우리 앞에는 선택지 A보다 조금 덜 위험한 선택지 B가 있을 뿐이라는 것을. 그리고 혈전 같은 부작용에도 불구하고 많은 이가 여전히 피임약을 선택하듯, 선택지 A와 B를 오가는 저울질은 누구의 입장에서 어떤 동기가 발현되느냐에 따라 달라지게 마련이다. 참고로 혈전으로 인한 뇌정맥 혈전증의 위험은 임신하면 비슷하거나 때로는 더 커진다. 피임약을 먹는 위험이 임신과 출산 과정에서 죽을 위험, 나아가 양육을 하며 들여야 하는 비용에 비해 훨씬 작다면 저울은 피임약으로 기울 것이다.

그 어떤 선택지도 더, 혹은 덜 자연스럽지 않다. 선택을 하는 각자의 복잡한 속내에 자연이 깃들어 있을 뿐이다. 예를 들어 누군가 부작용 때문에 약을 안 먹겠다고 한다면, 이 또한 죽음에 대한 두려움의 소산으로 이해할 수 있겠다. 나의 안녕과 안전을 위협하는 요인을 피하려는 노력은 모든 생명의 기본 성질이니 말이다. 우리는 이것이 온갖 피임법을 시도하고 천연두 백신을 개발하려던 동기와 맞닿아 있다는 사실을 종종 잊는다. 누군가는 약을 안 먹고 누군가는 약을 먹지만, 둘 모두 살기 위한 선택이라는 사실. 이 아이러니를 품는 자연 속에서 순수하고 선하며 안전한 자연을 상상하는 '자연스러움'의 서사야말로 부자연스러운 것이 아닐까.

3장
자연에는 질서가 있다는 말
진화는 진보가 아닐진대

내가 유학했던 곳에서는 겨울이면 폭설이 내리곤 했다. 그러면 대학교는 캠퍼스를 폐쇄한다는 공지를 했다. 다만 "필수 업무를 담당하는 직원(essential workers)은 평소처럼 출근하라."라는 예외를 두었다. "여기에 해당하는지 불확실하면 상사에게 확인하라."라는 말과 함께.

'필수'라는 단어로 강한 인상을 준 이 짧은 공지를 볼 때마다 늘 난감했다. 내가 매일같이 매달리는 연구 활동은 대학 본부가 말하는 '필수 업무'에 포함되는가? 연구는 의미 있고 중요한 일이라고들 하는데, 아니 적어도 연구를 업으로 삼는 우리는 그렇다고 믿고 싶은데 말이다. "선생님, 제가 오늘 연구실에 나가는 게 필수적인가요?"라는, 조금 이상한 확인 이메일을 지도 교수에게 보내야 하는 것일까? 그렇게 나는 폭설이 오는 날이면 질문들 사이를 오가며, 나의 연구 활동이 '필수적'이 아닐 수도 있음을 깨달았다.

폐쇄된 대학 캠퍼스에서 '필수적인' 일이란 어떤 상황에서도 계속되어야만 하는 일이었다. 교정의 눈을 치우고 시설이 상하지 않게 돌보고 기숙사에 남은 학생에게 음식을 제공하며 이 일을 하는 이들이 집과 일터 사이를 오갈 수 있도록 교통 시설을 유지, 운영하는 일. 대학 캠퍼스로 출근할 필요는 없지만 이들이 일하는 동안 가족을 돌봐 주는 일, 자녀가 다니는 학교나 어린이집을 유지, 운영하는 일도 '필수적인' 일에 포함될 것이다. 하루 이틀 쉬어 갈 수 없고 눈이 오든 안 오든 지속되어야만 하는, 필수 불가결의 노동이 하얗게 덮인 세상 위로 선명하게 모습을 드러냈다.

박수 치지 마라!

이 일들을 '필수적인' 일이라 부르는 것은 영 이상하다. 필수적이지 않아서가 아니다. 필수적임에도 평소에는 좀처럼 보이지 않기 때문이다. 자본주의 셈법에 따르면 임금 노동만이 '일'이고, 노동의 위계는 화폐적 이윤으로 책정되는 교환 가치에 따라 정해진다. 교환 가치가 주관적이고 상대적인 것처럼 노동의 위계 또한 그렇다. 일에 대한 우리의 태도와 가치가 노동의 위계를 정하는 것이다. 해묵은 말처럼 "직업 자체에는 귀천이 없다."

가령 육체 노동이 활동의 대부분을 이루는 직업은 기피 대상이다. 임금이 낮을 뿐만 아니라, 높은 산재 위험에도 제대로 보호받지 못한다. 활발하고 건강한 신체를 강조하는 현대 사회의 기괴한 모순이다. 가사 노동이나 노약자를 돌보는 일들은 무급이기 십상이고 주부는 아예 '일을 안 하는' 사람으로 분류된다. 가사 노동은 '값을 매길 수 없는' 일이라고들 한다. (값을 매기지 않기로 한 것은 아니고?) 본인의 가족을 돌볼 때는 무급이던 주부가 다른 가정에 돌봄 노동을 제공할 때는 임금을 받는다는 모순은 차치하고서라도, 그마저도 다른 일보다 임금이 낮다. 어린이집 교사는 대학 교수보다 훨씬 적은 월급을 받는다.

그러나 재난이 덮쳐 사회 기능이 멈추고 나면, 우리 일상을 촘촘히 채우며 떠받쳐 온 일들이 선명히 드러난다. 이와 함께 노동의 위계도 드러난다. 예컨대 의료 및 보건, 검역, 안전 서비스를 제공하는 이들, 격리된 사람들 사이를 바쁘게 오가는 택배

기사들은 코로나19로 마비된 사회의 생명줄을 유지하는 일을 담당하면서도, 바이러스 감염과 사고 위험에 가장 많이 노출되어 있었다. 노약자와 보호자에게 코로나19는 돌봄 재난이었다.

코로나19 범유행(pandemic)이 찾아온 뒤 얼마 안 돼 어느 익명의 의사가 쓴 글이 영국 《가디언(*Guardian*)》에 실렸다.[1] 의료진들을 응원하기 위해 매주 한 번씩 영국 전역에서 박수를 쳐 주는 캠페인(Clap for Our Carers)이 시작되었는데, 의료진들이 겪고 있는 실질적인 문제를 해결하는 대신 박수로 응원하는 감상적인 지지라며 거두라는 내용이었다. 영국은 그동안 국영 의료 제도에 대한 지원을 대폭 줄인 결과 코로나19 범유행 기간에 의료진을 위한 마스크와 장갑 등 기본적인 보호 장구조차 부족한 상황에 빠졌고, 의료진의 20퍼센트가량을 차지하는 이민자 출신에 대한 열악한 처우조차 개선하지 못하고 있었다. 글쓴이는 "우리는 자원 봉사자도 영웅도 아니다."라며 못을 박았다. 합리적인 조건에서 존중받으며 일하고 싶을 뿐, 박수 치는 당신과 다르지 않은 사람이니 영웅으로 치켜세우지 말아 달라는 부탁으로 글을 마쳤다.

영국에서 '핵심 노동자(key worker)'라는 단어는 사회에서 핵심적인 일을 수행하는 청소부와 소방관, 대중 교통 노동자, 경찰,

교사, 간호사 등을 가리키는 동시에, 현실적으로는 자기가 일하는 지역의 부동산을 구매할 재정적 여유가 없는 무주택자를 의미한다. 언론인 스티브 풀(Steve Poole, 1953~2023년)은 이 단어에 대해 "그 일의 사회적 중요성에 걸맞은 급여를 줄 가치가 없다고 사회가 간주하는 집단에 대한 수사적인 토닥거림."이라고 말했다.[2] 노동 조건과 환경의 개선을 요구하는 목소리는 핵심 노동자들을 향한 박수 소리 — 토닥거림 — 에 묻혀 버린다.

본질주의적 사고

폭설, 폭염, 장마 속에서도, 전염병 범유행에 사회 기능이 마비된 상황에서도 계속되어야 할 만큼 중요한 일들이 평소에는 보이지도 들리지도 않는 마술. 여기에는 필수(essential)나 핵심(key) 같은 단어에 반영된 우리의 본질주의적 사고가 작동한다.

본질주의(essentialism)는 사물, 존재, 행동과 같은 어떤 '것(thing)'에 그것이게끔 하는 불변의 속성이 있다는 믿음이다. 사람을 다른 동물과 구별 짓는, 심지어 사람도 다른 사람과 구별 짓는 실체(성별, 인종, MBTI, 혈액형 같은 것)가 있다고 믿는 것이다. 여기서 그 실체가 무엇인지는 크게 상관없다. 해당 실체를 '지님/지니지 않음'으로써 내가 속한 집단과 다른 집단이 구별된다는 믿음만이 중요하다. 내가 A형이거나 특정 MBTI 유형으로 분류된다는 사실이 다른 혈액형이나 MBTI를 가진 사람들과 '근본적으로 다르다.'라고 믿으면 될 뿐, 정확히 어떻게 특정 혈액형이나 MBTI 유형이 내 특성을 결정하는지는 관심사가 아니다.

'어떤 유전자 X가 질병을 유발(cause)한다.'라는 말도 본질주의적 사고를 일으키기 쉽다. 얼핏 그 뜻이 명료해 보이지만, 과학자들은 좀처럼 사용하지 않는 문장이다. 단 하나의 유전적 변이로 발현 여부가 결정되는 형질은 다운 증후군이나 헌팅턴병 정도로 극히 드물다. 절대 다수의 형질은 여러 유전자의 영향을 받는 복잡 형질(polygenic trait)이다. 그래서 특정 유전적 변이를 지녔다는 사실만 가지고는 형질(예컨대 질병)의 발현을 100퍼센트 예측하지 못한다. 즉 다수의 경우에는 어떤 형질에 '유전적(genetic)' 기반이 있다는 말이 그 형질이 '필연적'으로 발현된다는 뜻으로 해석될 수 없다. 즉 '유전자에 의해 결정된다.'라는 말은 함부로 쓸 수 없다.

그래서 과학자들은 이렇게 말한다. "어떤 사람이 스트레스를 느끼는 상황에 자주 처하게 되었을 때, 교감 신경이 어떤 질병에 관련된 유전자의 발현에 영향을 많이 미치게 되면, 그는 어떤 질병에 취약하게 된다." '어떤 유전자 X가 질병을 유발한다.'보다 현실을 잘 반영하지만, 해당 질병을 결정하는 '무엇'이 규명되었다는 느낌을 주지는 못한다. 그래서 인지적으로는 덜 매력적인 말이 된다. 현상의 원인을 단일화하고 싶어하는 우리의 본질주의적 사고를 만족시키지 않는 것이다.

너무나 중요해서 쉬운?

본질주의적 사고에서 한 발 나아가면, 중요한 것은 힘들이지 않고 할 수 있다는 생각을 만난다. 본질주의에 따르면 내가 남성인 것은 남성을 여성과 구별 짓는 어떤 실체 — 예컨대 Y 염색체 — 를 지니고 태어났기 때문이고, 내가 어떤 형질 — 예컨대 공격성 — 을 지닌 것은 그 형질의 기반을 이루는 유전적 특성을 타고났기 때문이다. 이처럼 무언가를 무엇이게끔 하는 가장 중요한 성질은 타고 나는 것이기에 나의 노력이나 선택과 무관하게 내 안에서 작동하고, 그 점에서 '쉽다.'라는 것이다.

예컨대 아이를 돌보려는 동기가 여자됨의 본질을 이룬다고 가정하고, 여자에게는 이러한 속성이 태어날 때부터 본능에 '장착된(wired)' 덕분에 누군가를 돌보는 일을 남자보다 더 잘, 쉽게 한다고 추론하는 경우를 종종 본다. 생물학적 설명을 잘못 확대 적용한 예다. 기초적인 생리 기능이나 고통처럼 비교적 단순한 신호에 즉각 반응하는 기능들은 생존과 번식에 일차적으로 관여하므로 대개 무의식적으로 작동하도록 진화했다. 그런 의미에서 노력이 필요하지 않다는 표현이 적합할 수 있겠다. 하지만 누군가를 돌보는 일은 그렇지 않다. 돌봄에는 다양한 신체, 인지, 정서 기능이 관여하며 무엇보다 구체적인 맥락(누구를 어디서 어떻게 돌보는지)에 따라 일일이 대응해야 하므로 의식적인 노력 없이는 잘할 수 있는 일이 아니다.

하물며 밥을 먹는, 어찌 보면 생존에 가장 직접적으로 관련된 행동에도 많은 노력이 집적된다. 음식을 해 보거나 어깨너머로 보고 배운 적이 없는 사람에게, 요리는 맛에 대한 본능에만 충실하면 잘할 수 있다고 조언하는 사람은 없다. 본능에 따라 요리하고 먹으면 짜고 달고 기름진 것만 찾다가 건강만 해칠 게 분명하다. 갓 배달된 음식을 받아 입안에 집어넣고 이리저리 굴리며 씹은 뒤 목구멍으로 넘기는 행동까지는 '힘들이지 않고' 할 수 있을지언정, 정작 먹을거리가 입 안으로 들어가기까지의 과정 — 먹을거리가 생산되고 먹을 수 있는 상태로 준비, 조리되어 그릇에 담기는 모든 과정 — 은 그렇지 않다. 당신 앞의 요리는 대개 얼굴조차 모르는 여럿의 손길을 거칠뿐더러, 먹을 수 있는 것과 아닌 것을 알아내며 오랜 시간 동안 쌓인 지식과 기술이 깊이 녹아든 결과이기 때문이다. 끼니를 잇는 일에 온종일의 노력이 필요한 것은 화학 합성이나 광합성을 못 하는 동물 대부분에게 마찬가지다.

특히 우리가 속한 영장류는 몇 가지 먹을거리에만 섭식을 특화하지 않고 그 폭을 넓힘으로써 생태적 적소(ecological niche, '생태적 지위'라고도 한다.)를 차지한 경우여서, 말 그대로 '먹고사는 문제'를 매일같이 안고 살아간다. 대부분의 영장류 종은 뿌리에서 잎, 꽃, 열매까지 식물의 다양한 부분을 먹을 수 있고, 같은 먹이도 다양한 방식으로 처리해서 먹는다. 언제 어디에 어떤 먹이가 있는지 가장 잘 아는 연장자를 따라서 군집의 움직임과 분포가 정해지기도 한다. 성체 원숭이가 먹이를 구하고 먹는 모습을 유심히 지켜보며 무엇을 언제 어떻게 먹는지 배우는 원숭이들에게 먹는 것은 생존이 걸린 매우 중요한 일이자 오랜 노력을 들여 성취해야 하는 일이다. 먹고자 하는 동기는 타고날지언정, 실제로 먹는 행동은 저절로 이루어지지 않는다. (56쪽 사진 참조)

중요한 일은, 혹은 중요한 일일수록 더욱, 노력 없이 할 수 있다는 생각은 앞서 살펴본 특정 형태의 노동이 가치 폄하되는 데에도 기여한다. 직종이 '고급 기술자'와 '초급 기술자'로 나뉘고, 육체 노동으로 분류되는 일들이 초급 기술에 포함될 때(육체가

위 사진은 프란스 드 발(Frans de Waal, 1948~2024년)이 촬영한 짧은꼬리마카크(*Macaca arctoides*)이고, 아래 사진은 바스 라이트(Barth Wright)가 촬영한 어린 꼬리감는원숭이(*Cebus libidinosus*)이다. 성체 원숭이가 먹이를 구하고 먹는 모습을 유심히 지켜보며 무엇을 언제 어떻게 먹는지 배우는 원숭이들에게 먹는 것은 생존이 걸린 매우 중요한 일이자 오랜 노력을 들여 성취해야 하는 일이다. 먹고자 하는 동기는 타고날지언정, 실제로 먹는 행동은 저절로 이루어지지 않는다.

관여하지 않는 노동이 어디 있겠냐마는!) 우리는 육체적인 것을 정신적인 것보다 단순하고 하등하게 여기는 위계적 이원론을 확인한다. 오래되고 끈질긴 이 이원론에는 한편으로 정신적 기능을 위해 없어서는 안 되는 신체에 대한 강조가 있다. "건강한 몸에 건강한 정신이 깃든다."라는 관용구처럼 말이다. 육체적인 것은 단순하고 하등한 한편, 건강한 정신을 도모한다는 도구적 가치에서 중요하다는 것이다. 여기에 깃든 역설('하등하지만 중요하다.')은 현실에도 그대로 반영되어 있다.

가령 '건강한 몸'에 '건강한 정신'이 깃든다는 개념은 (삽질이나 짐 나르기처럼) 신체 기능 일부를 극단적으로 동원하는 육체 노동을 통해서는 실현이 어렵다. 또한 많은 육체 노동이 열악한 조건에서 이루어지는 까닭에 자기 결정권과 자율성이 낮을뿐더러, 신체가 손상되기 쉽고, 업무 중 사고와 과로사의 위험에 가장 가까이 노출되어 있다. 돈을 들여 체육관에서 열량을 태우고 땀방울을 흘리며 근육을 만드는 일은 '건강한 몸'에 기여하는데, 정작 육체 노동을 통해서는 건강을 도모하기 어려운 것이다. 여가 시간에 하는 신체 활동은 건강에 도움이 되지만 직업적으로 하는 신체 활동은 심혈관 질환 위험과 사망률을 높인다는, 이른바 '신체 활동의 역설(physical activity paradox)'이다.

이처럼 육체와 정신의 위계 속에서 육체는 정신을 떠받친다는 의미에서 중요하지만, 여전히 하등하고 체계적으로 소외된다. 많은 육체 노동이 '핵심 노동'으로 분류되어 '수사적 토닥거림'을 받는, 그래서 더욱 적극적으로 폄하되는 이유가 아닐까?

다른 동물도 한다?

중요한 일일수록 쉽다고 여겨 결과적으로는 폄하하는 현상은 육아에 대한 태도에서도 나타난다. "강아지가 어미 개랑 같이 살 때, 어미가 강아지를 어떻게 키워야 하는지, 개답게 키우는 것이 뭔지 연구헤시 기웁니까?" 육아가 힘들다고 토로한 내담자에게 어느 유명 연사가 한 말이다.[3]

다른 동물도 한다는 사실을 들어 육아가 복잡하고 어려운 일이 아니라고 주장한다는 점이 눈에 띈다. 다른 동물도 한다, 본능이므로 '자연스럽게' 힘들이지 않고 할 수 있을 거라는 논리다. 자연은 이미 완벽하며 이 완벽한 자연의 논리에 '순응'하지 않아 육아가 힘든 것이라고, 은근히 내담자를 탓하는 것 같기도 하다. 듣고 있기에 어딘가 마음에 들지 않는다면, 당신의 느낌이 맞다. 인간의 언어밖에 모르는 우리가 다른 동물의 육아가 쉬울 것이라 가정하다니, 일단 순진하기 그지없는 생각이다. 게다가 목숨 걸고 새끼를 먹이고 보호하지만, 키우기 어려운 상황이 되면 새끼를 유기하거나 살해하는 것이 자연에서 펼쳐지는 날것 그대로의 육아 풍경인데, 모성 본능에 충실하면 아이를 잘 키울 수 있다는 취지의 말은 육아 서적에 흔히 등장한다. 그들이 말하는 모성 본능에 영아 살해도 포함되는 것일까?

진보의 행진

'다른 동물도 한다.'라는 논리는 연사의 말이 육아에 대한 가치 폄하로 이어지는 결정적인 대목이다. '동물도 하는데 당신이 못 할 리 없다.'라는 메시지는 육아를 어렵다고 느끼는 사람에 대한 비방으로도 기능한다. 다른 동물, '심지어' 개도 하니 쉽고 단순할 거라는 생각과 마주한다. 이 생각의 거울상을 취해 보면, 사람은 다른 동물이 못 하는 어렵고 복잡한 일을 할 수 있다는 발상이다. 아무리 봐도 사람은 특별해!

예컨대 사람은 신체 대비 두뇌가 크고, 두 다리로 서서 걸으며, 긴 생애에 걸쳐 도구와 각종 기술을 이용하고, 비교적 크고 복잡한 사회 집단을 이루며 사는 편이다. 그러나 이러한 특징이 '사람에게서만' 관찰되는 것은 아니다. 심지어 지능, 도구와 기술, 사회성을 어떻게 정의하느냐에 따라 사람을 능가하는 종도 있다. 개미나 벌에서 전형적으로 나타나는 진사회성(eusociality)처럼 말이다. 그런데도 우리는 사람에서 두드러지는 특징에 주목하고 그로 말미암아 우리가 다른 동물보다 '근본적으로' 다르다고 믿는 본질주의적 사고를 선호한다. 여기에 사람을 모든 생물 종의 준거로 삼는 인간 중심주의(anthropocentrism)가 더해지면, '다름'은 수평이 아닌 수직의 관계를 내포하게 된다. (61쪽 그림을 비교해 보라.)

생명이 단순한 형태에서 복잡한 형태로 진화해 그 정점에 사람이 있다는 시각은 우리가 진화를 이야기하는 방식에 깊이 녹아 있다. 심장처럼 다른 동물에도 있는 기관을 이야기할 때도 굳이 사람의 심장 구조를 기준으로 "2개에서 3개로, 이어서 4개(2심방 2심실)로 진화했다."라고 표현한다. 마치 사람의 심장 구조가 더 나은 것처럼 들리는데, 자연 어디에도 그렇다는 증거는 없다. 개구리는 2개의 심방과 완전히 분리되지 않은 심실을 갖고 있어 '과도기적' 특성을 지녔다고 여겨지지만, 사실 이 구조는 혈류를 허파에서 피부로 우회시켜 겨울잠을 자거나 오랫동안 물속에 머물 때 낮은 신진 대사율을 유지할 수 있게 해 준다. 개구리의 심장은 사람과 다를 뿐, 개구리가 살아가는 데 적합하다. 어느 심장도 그 자체로 완벽하지 않다. 완벽함을 논하려면 잣대

인간 중심적 디자인(위) 대 비인간 중심적 디자인(아래).

3장 자연에는 질서가 있다는 말

가 있어야 하는데, 자연에는 준거가 없기 때문이다.

'어류의 시대'에서 '파충류의 시대'가 이어지고, '포유류의 시대'로 넘어간 뒤 사람이 등장한다고 생명의 진화를 소개하는 일반적인 서사는 또 어떠한가. 먼저, 정말로 계통의 다양성과 생태계 전반에 미치는 영향을 따진다면 지구 생명의 역사는 언제나, 그리고 지금까지도 세균(bacteria)의 시대다.

세균은 그야말로 초인적이다. 스스로 빛을 내고 자기장에 따라 정렬할 수 있다. 2020년에는 실험실 싱크대에 버려진 유리병에서 전이 금속인 탄산 망가니즈(탄산 망간)를 에너지원으로 삼는 세균도 발견됐다.[4] 세균 다음으로 오래되고 또 다양한 고세균(archaea)도 펄펄 끓는 물이나 심해처럼 웬만한 생명체가 견디지 못하는 환경에서 살 수 있다. 사람이 속한 진핵생물(eukaryota)은 바로 이 고세균에서 갈라져 나온 가지다.

둘째, 어류, 파충류, 포유류, 사람 순의 나열은 마치 후자가 전자를 대체하거나 능가하며 한 방향으로 진화했다는 인상을 준다. 진화를 진보와 착각하는 것은 매우 흔한 오해다. 어류는 생명의 나무 몸통에서 포유류보다 일찍 가지 쳐 나왔을 뿐, 둘 다 지금까지 활발하게 많은 '잔가지(생물 종)'들이 생겨나고 또 부러져 없어지며, 저마다 얽히고설킨 역사를 지녀 온 고유한 계통

(lineage)인데도 말이다.

어쩌면 가장 유명한 과학 삽화 가운데 하나일 「진보의 행진(March of Progress)」은 진화가 사람이 되기 위한 진보의 과정이라는 대중적 믿음을 분명하게 보여 준다. 왼쪽 끝에는 구부정하고 털이 많으며 앞발의 손가락 관절로 땅을 딛고 걷는 유인원이 있고, 그다음에는 비슷하지만 점점 두 다리로 걷는 개체가 나오다가, 오른쪽 끝에는 털이 거의 없을 뿐만 아니라 머리까지 단정히 다듬은 남성이 당당히 걸어가고 있다. 고인류가 남성적 특징으로 묘사된 것, 심지어 인간으로 오면서 피부색이 점점 더 밝아지는 것도 놓쳐서는 안 된다. 진화가 진보이고 백인 남성이 진보의 귀결이라는 뜻까지 전달하는 것이다. (64~65쪽 그림 참조)

사람에 이르는 (막다른) 길

진화의 기본 정의는 '변화를 동반한 계승(descent with modification)'이다. 이에 따르면 자연 어디에도 사람이 진화의 종착점이라는 증거는 없다. 다른 종과 마찬가지로 사람은 그때도, 지금도, 그리고 앞으로도 진화할 것이며, 언젠가는 멸종할 수도 있다. 그런데도 생명의 나무 꼭대기에, 혹은 '가장 진보한' 방향인 오른쪽 끝에 인간을, 그것도 특정 인종과 성별의 모습으로 그리기로 했다면,

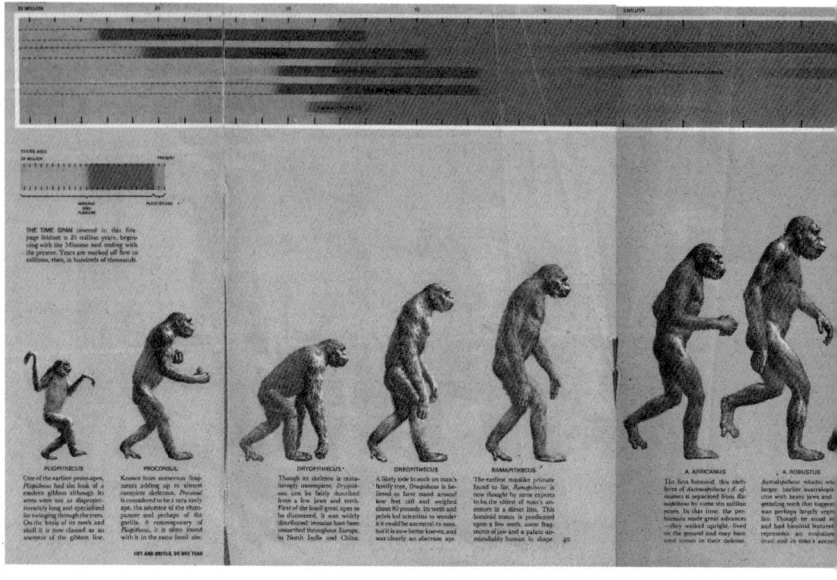

「라이프 네이처 라이브러리(Life Nature Library)」 시리즈 중 한 권으로 1965년 출간된 『조기 인류(Early Man)』 속 삽화 「호모 사피엔스로 가는 길(The Road to *Homo sapiens*)」.

그것은 오로지 그린 이의 선택이다. 선택의 권한을 주고 힘을 실어 준 이들의 집단적 상상이다. 이 선택적 상상에 누가, 그리고 왜 동참하는지, 그토록 '진보한' 인간이라면 물어야 하지 않을까?

그리고 계속 물을 것이다. 생명의 나무 꼭대기에 자리 잡을 만큼 높은 지능과 전능함이 우리의 본질이라면, 우리는 우리 잠재력을 충분히 발휘하며 살고 있는가? 진화는 지향적인 과정이

자연스럽다는 말

64

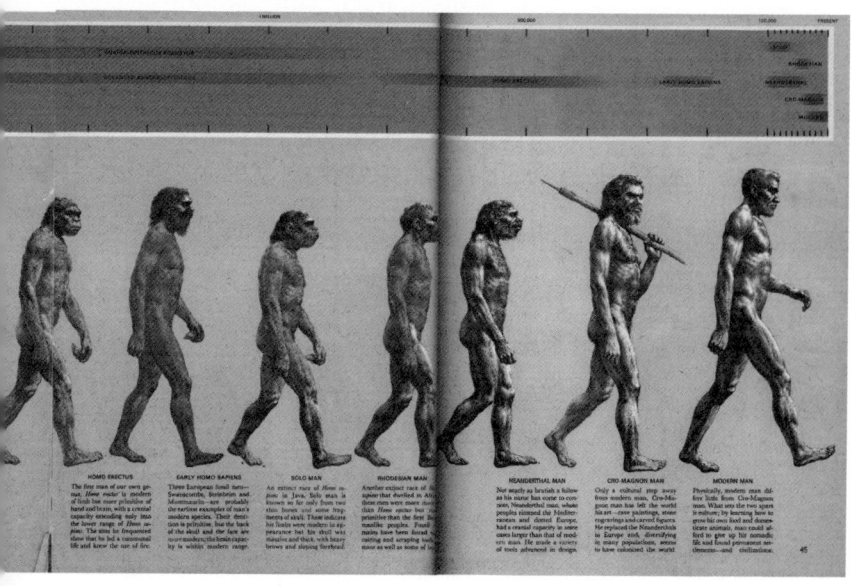

아니라는 증거가 충분히 있는데도, 왜 우리는 존재를 위계 지으려는 생각에서 벗어나지 못하는가?

자연에는 준거가 되는 종이 없이 다만 모두가 고유할 뿐이다. 그렇다. 사람은 고유하다. 그리고 그 고유함은 사람만이 아니라 다른 종도 똑같이 고유하다는 깨달음이 있을 때만 가치 있다. 사람이 다른 종보다, 사람 안에서도 어떤 사람이 다른 사람보다, 그리고 어떤 노동이 다른 노동보다 우월하다는 증거는 자연에 없다. 존재의 '자연스러운' 위계가 있다면, 그것은 그렇게 믿는 것이 편한 우리 본질주의적 사고의 환영일 뿐이다. 존재의 사다리 아래를 향해 '핵심 노동', '위대한 모성' 같은 표상을 덧씌우고 그것이 자연의 이치라 믿고 싶은 우리는 진보의 행진에서 막다른 길에 이른 것인지도 모른다.

2부

인간에 대한 믿음

4장
낳아 보지 않으면 모른다는 말
낳지 않은 자들의 육아

만삭의 새드(Sad)를 지켜보는 일은 쉽지 않았다. 어려서부터 피부에 문제가 있던 새드는 젖꼭지가 없어 새끼를 낳아도 젖을 먹이지 못해 항상 죽는다고, 남아프리카공화국 케이프타운의 차크마개코원숭이(*Papio ursinus*) 연구진에 합류하던 첫날 조교에게서 들었기 때문이다. 사하라 사막 이남의 아프리카 전역에 퍼져 사는 개코원숭이 중에서 차크마개코원숭이는 짙은 회갈색 털이 특징이다. 이 털 빛깔은 출산이 임박했음을 알리는 엉덩이 살갗의 진분홍색과 극명한 대조를 이루었고, 한껏 불룩해진 배와 함께 새드가 다시 한번 겪을 상실을 선명하게 예견했다.

얼마 뒤 새드는 출산했다. 자료 수집 절차에 따라 새끼의 성별 확인을 위해 들여다본 망원경 렌즈 안에서 까만 새끼가 새드 품에서 꼬물대고 있었다. 하지만 며칠이 지나지 않아 개코원숭이 무리를 다시 만났을 때 새끼는 축 늘어져 있었다. 죽은 것이다. 많은 개코원숭이 어미가 그러하듯, 새드는 새끼의 사체를 안고 다니며 사나흘을 보냈다.

여러 원숭이 종에서 관찰되어 온 이 행동은 아직 뾰족하게 설명된 바 없다. 다만 새끼가 죽은 줄 몰라서 사체를 안고 다니는 게 아니라는 것만은 확실해 보인다. 새끼가 사고 등으로 갑작스럽게 죽었을 때보다 그렇지 않을 때(예컨대 병을 앓다가 죽었을 때) 새끼 사체를 안고 다니는 일이 자주 관찰된다는 최근 연구 결과는 새끼를 여의는 경험이 단순하지 않음을 시사한다.[1] 죽은 동료 곁을 떠나지 않고 심지어 보호하거나 끌고 다니는 경우도 야생 영장류 연구에서 심심치 않게 보고되어 왔다.

모성의 진화를 공부하고자 야생 영장류를 찾아간 내가 만난 첫 원숭이는 이처럼 공교롭게도 낳은 새끼마다 죽은 '슬픈' 어미였다. 새드라는 이름 그대로 말이다.

의인화의 힘, 의인화라는 덫

새드처럼 사람 아닌 동물을 연구할 때 사람 이름이나 별명을 붙이는 경우가 있다. 개체를 기억하고 식별하는 데 도움이 되고, 나아가 감정 이입을 통해 동물에 대한 이해를 높일 수 있다는 이유에서다.

야생 영장류 연구의 새로운 장을 연 제인 구달(Jane Goodall, 1934년~)은 탄자니아 곰베 숲의 침팬지들에게 데이비드, 골리앗, 프로도, 피피 같은 사람 이름을 붙여 주고 연구한 것으로 유명하다. 사람의 속성을 사람 아닌 대상에 투사한다고 해서 의인화에 부정적이던 1950~1960년대 동물 행동학계의 분위기에 비추어 보았을 때 이례적인 접근이었다. 구달은 오히려 침팬지들을 적극적으로 의인화했다. 복잡한 사회 관계망에 적응해 나가는 저마다의 방식, 긴 생애를 살아가며 변치 않는 듯 변해 가는 성격 등, 당시까지만 해도 사람의 것으로만 여겨지던 사회적 삶의 다양한 결이 그의 연구를 통해 드러났다.

동물과 시간을 보내 본 누구라도 알 수 있듯, 사람이 아니라고 해서 사람보다 단순한 것은 아니다. 살아 있는 존재는 저마다 복잡한 속내와 사정이 있게 마련이다. 사람 아닌 존재에 이름을 붙이고 의인화하는 것은 그 복잡한 이야기를 들어보려는 노력의 일환이다. "너도 나와 같다면."이라고 말해 보는 것이다. 그러나 존재를 적극적으로 읽어 내는 바로 그 힘 때문에 의인화는 위험할 수 있다.

한 예로 원숭이와 대형 유인원은 입꼬리를 양옆으로 당기고 이빨과 잇몸을 한껏 드러내는 표정을 짓는다. 독자 여러분도 거울 앞에서 한 번 지어 보시기를 권한다. 이 표정을 본 사람들은 대부분 원숭이가 웃는다고 생각한다. 하지만 사실 이 표정은 즐거울 때가 아니라 두려울 때 짓는 찡그린 얼굴(fear grimace)이다. 굳이 사람의 언어로 번역하자면, '나는 너보다 약해, 알지? 그러니까 나 잘 좀 봐 주라!'라는 뜻으로, 자기가 상대보다 낮은 위치에 있음을 확인시키고 상대가 자기를 받아 주기를 바라는 사회적 신호다. 그런 점에서 사람의 웃음과 어느 정도 비슷한 기능을 한다고 할 수 있다. 그러나 이는 사람의 웃는 표정이 어디서 진화했는지 이해하는 단서일 뿐, 표정이 전달하는 두려움의 정서는 분명 웃음과 다르다.[2]

그런데도 사람들은 단지 인간의 웃음과 닮았다는 이유만으로 "원숭이가 사람처럼 웃네!"라고 말한다. 틀린 해석이다. 원숭이는 '사람처럼' 웃는 게 아니라, '원숭이처럼' 찡그릴 뿐이다. 원숭이들에게 이 표정이 어떤 의미인지, 서커스에 나와 개구쟁이

웃음 비슷한 표정을 짓는 저 침팬지는 정말 즐거운지 우리는 묻지 않는다. 의인화는 이렇게 동물의 행동을 행동이 일어나는 맥락에 충분히 주의를 기울이지 않은 채, 인간의 잣대로 손쉽게 해석하고 결론을 내리는 도구로 쓰이곤 한다.

제인 구달에게 의인화는 선입견을 내려놓고 동물에 다가가려는 노력의 일환이었지만, 섣부른 의인화는 사람의 잣대로 동물 행동을 쉽게 해석해 버리고, 그리하여 오히려 선입견에 갇혀 버리는 오류로 이어진 지름길일 수도 있다. 동물에 사람의 언어에서 따 온 이름을 붙이는 것에 대해 회의적 견해가 여전히 남아 있는 이유다.

새드는 슬픔의 이름인가

이름에는 힘이 있다. 누군가를 '해피'가 아닌 '새드'라고 부르는 순간, 우리는 슬픔이라는 색안경을 쓰고 바라보게 된다. 낳을 때마다 새끼가 죽는 이 암컷 개코원숭이에게 어미로서의 삶은 존재하지 않아 슬플 거라고 지레짐작한다.

어느 날 오후 필자는 볕 좋은 곳에 어린 개코원숭이와 앉아 있는 새드를 보았다. 세 살쯤 된, 개코원숭이 나이로는 청소년에 해당하는 어린 암컷이었다. 한쪽 손으로 새드의 털을 젖히고 다른 손으로는 이물질을 골라내는 어린 개코원숭이의 손놀림은 바쁘지만 꼼꼼했다. 이내 차례를 바꾸어 새드는 이 어린 개코원숭이의 털을 오랫동안 골라 주었다. (75쪽 사진 참조)

서로의 털을 고르는 행동, 즉 사회적 털 고르기(social grooming)는 꿀벌, 박쥐, 고양이 같은 여러 동물에서 나타나는데, 영장류에서 특히 자주 일어나고 그 양상이 복잡하다. 털 고르기는 무작위로 일어나지 않는다. 친한 사이일수록 더 많이 하고, 또 위계 서열에서 상위인 개체에 집중되기 때문에, 털 고르기를 주고받는 패턴을 분석해 사회 관계망을 유추할 수도 있다. 부모-자식 사이에서 털 고르기가 가장 자주 이루어진다.

그렇다면 새드와 털 고르기를 하는 이 개코원숭이는 누구인가? 새드에게는 자식이 없지 않은가? 나중에 조교에게 물으니, 어린 개코원숭이는 태어난 뒤 몇 달이 안 돼 어미가 죽었는데, 이후 새드와 각별하게 지내게 되었다고 했다.

분유나 이유식도 없고, 하물며 젖동냥이라고는 존재하지 않는 개코원숭이 사회에서 어미의 죽음은 곧 새끼의 굶어 죽음을 의미한다. 그러나 젖에만 의존하는 생애 첫 몇 개월이 지나 열매나 풀 등을 찾아 먹을 수 있는 나이가 되면, 어미가 없더라도 살아남을 가능성이 조금은 더 생긴다. 하지만 개코원숭이처럼 어

이름에는 힘이 있다. 누군가를 '해피'가 아닌 '새드'라고 부르는 순간, 우리는 슬픔이라는 색안경을 쓰고 바라보게 된다. 서로의 털을 골라 주고 있는 새드와 새드가 입양한 어린 개코원숭이는 새드가 과연 슬픔의 이름인지 묻는다.

미가 이룬 관계망 안에서 서로를 차등적으로 지지하며 살아가는 원숭이에게 어미 없이 살아가기란 여전히 쉬운 일이 아니다.

어린 개코원숭이에게 삶은 이처럼 가까스로 주어진 것이었지만, 뿌리를 뻗어 자라기에는 부족함이 없었다. 새드와의 만남이 거름이 되어 주지 않았을까, 둘을 볼 때마다 생각하곤 했다. 무리가 먹이를 찾아다닐 때도, 나무 위에서 쉴 때도 둘은 함께였다. 어린 개코원숭이가 다른 개코원숭이와 싸우면 어디선가 새드가 달려와 함께 소리를 지르며 편들고 이내 털을 골라 주곤 했다. 많은 영장류 종의 어미와 자식 관계에서 전형적으로 관찰되는 모습이었다.

새드는 정말 슬픈가? 새드는 엄마라고 할 수 없는가? 여러 각도에서 또 시간을 두고 들여다본 새드의 삶은 슬픔이라는 키워드로만 규정되지 않았다. 출산이 선택 사항이 되고 많은 사회에서 점점 더 아이를 낳지 않는 지금, 앞의 질문은 더욱더 첨예해진다. 아이를 직접 낳아 기르는 경험은 그렇지 않은 것, 가령 입양이나, 나아가서는 아이를 낳지 않는 것보다 기뻐할 일인가?

아이를 낳지 않은 이들의 육아

직접 낳지 않은 새끼를 데려다 키운 영장류의 여러 사례에 따르면, 새드는 어린 개코원숭이의 이모이거나 언니일 가능성이 있다. (고모일 가능성은 거의 없다. 개코원숭이 사회에서 성체가 된 수컷은 무리를 떠나기 때문에 새끼들은 부계 가족과 사는 일이 드물다.) 하지만 아예 친족이 아니라고 해도 어떤가. 혈연 관계가 없는 개체를 데려다 키우는 경우는 150종이 넘는 조류, 120종이 넘는 포유류에서 관찰되어 왔다.[3] 물론 사람도 예외는 아니다.

아니, 예외라고 해야 할까? 사람은 어떤 종보다 폭넓게 양육의 범위를 적용한다. 반려 동물을 자식처럼, 때로는 친자식보다 더 아껴 가며 키우고, 정작 자기는 아이를 낳지 않았어도 누구보다 큰 사랑을 평생 아이들에게 베풀며 살아간 사람들을 우리는 알고 있다. 사람은 혈연 관계가 없다는 사실을 '알고도' 아이를 키운다. 국경을 넘어, 언어도 생김새도 다른 아이를 자발적으로 입양해 키운다.

심지어 2005년 네덜란드 아동 보호 서비스에 보고된 학대 사례 1만 3000여 개를 분석한 결과에 따르면, 입양된 아이는 친부모나 계부/계모와 사는 아이보다 학대받는 비율이 낮았다.[4] 입양 가족에 대한 연구가 부족한 상황에서 학대 위험이 낮은 이유를, 그것도 한 국가 사례만 가지고 정확히 알기는 어렵다. 한 가지 고려해 볼 수 있는 설명은, 적어도 요즘은 까다로운 적합성 검사를 거친 경우에만 입양을 허용한다는 점이다. 예컨대 범죄 경력이 있거나 양육을 하는 데 심각한 경제적 어려움이 예상되는 경우 입양을 하기 어렵다. 거꾸로 친부모나 계부모가 되기 위해 거쳐야 하는 '적합성 검사'를 상상하는 일은 그 자체로 도발이다.

자식과 유전 정보를 가장 많이 공유한 친부모를 양육의 역할과 연결하는 것은 말 그대로 자연스럽다. 그러나 이를 "친부모가 아이를 가장 잘 키울 것이다."라는 기대와 구별하는 것은 매우 중요하다. 개체가 속한 종의 역사, 개체가 살아가는 생태적 조건에 따라 친부모는 양육에서 방임, 학대, 그리고 살해까지 넓은 행동 바경을 보일 수 있다.

유전 정보를 공유하고 임신, 출산의 생물학적 과정을 거친다고 해서 당연히, 그리고 '자연스럽게' 누군가의 부모가 되는 것은 아니다. 인간은 부모의 의미를 친부모보다 넓게 정의하는 종 가운데 하나다. 예로부터 낳은 정과 기른 정을 구별해 왔으며, 부양의 의무를 다하지 않은 부모가 세상을 떠난 자녀의 유산을 상속받지 못하도록 하는 이른바 '구하라법'을 제정한 것도 자식을 낳는 것과 기르는 것은 다르다는 상식적 이해가 형성되어 있음을 의미한다.

친부모가 아이를 가장 잘 키울 수 있다는 기대는 생물학에 대한 지극히 단순한 이해에 기반한다. 실제로 친부모가 보일 수 있는 행동의 유전적, 생리적 기전은 돌봄에서 방임, 학대, 심지어는 살해까지 아우른다. 자식을 살릴 수도, 또 죽일 수도 있는 양육 행동의 넓은 스펙트럼 위에서 어떤 행동이 나타날 것인지는 양육을 하는 개체가 속한 종이 진화한 역사, 그리고 개체가 살아가는 생태적 조건에 따라 구체적으로 달라진다. 이를 이해하려고 노력하는 대신 혈연 정도에 기반해 부모-자식 관계를 따지는 데 집착하는 사이, 아이가 건강하고 행복하게 자라날 권리, 그리고 그 권리를 도모하는 주(主)양육자의 안녕 모두 뒷전으로 밀리고 만다.

가족 관계 증명서가 없는 원숭이 사회에서는 누구도 새드와 어린 개코원숭이의 관계를 규정하는 데 관심이 없는 듯했다. (우리는 개코원숭이의 언어를 모르므로 확신하지 않겠다!) 다만 한 가지, 새드가 이 어린 개코원숭이에게 양육자의 역할을 한다는 사실은 확실해 보였다. 어린 개코원숭이의 삶에서 더 중요한 것은 이 점이 아니었을까?

낳은 정과 기른 정

어린 개체를 돌보고 키우는 양육 행동은 오랜 진화의 산물이다.

양육 행동이 발현되는 데 관여하는 신경 내분비 체계는 우리가 속한 포유류에 걸쳐 공통된 양상을 보인다. 예컨대 임신과 출산, 수유 과정에서 일어나는 호르몬 수치의 급격한 변화는 어미와 새끼가 유대 관계를 맺게 되는 주요 기전으로 잘 알려져 있다.

그러나 영장류처럼 크고 복잡한 사회에서 살아가는 경우 양육 행동이 호르몬의 영향 아래에만 놓이지 않는 기전적 '해방'이 이루어졌다는 것이 최근 신경 내분비 연구의 견해다.[5] 양육에 관여하는 뇌 부위가 있어서 출산이라는 맥락에서만 국지적으로 발현되는 것이 아니라, 다양한 사회적 맥락에도 중복적으로 발현됨으로써 진사회성의 기반이 되었다는 것이다. 내가 낳지 않은 새끼를 향해서도 돌보아 주려는 동기가 생길 수 있다면 어떨까? 그래서 죽음의 기로에 섰던 어린 개코원숭이가 누군가의 '딸'로 살아갈 수 있다면?

이처럼 양육이라는 행동이 출산과 수유에 동반하는 생리적 변화에만 매이지 않게 된 것은 인간의 진화에서 중요한 전환점이었다. 유전 정보를 공유하고 임신, 출산을 거친다고 해서 당연히 ─ 그리고 '자연스럽게' ─ 누군가의 부모가 되는 것이 아니다. 아이를 낳지 않은 이들도 육아하는, 협동 육아(cooperative care)의 기반이 만들어졌기 때문이다.

자연스럽다는 말

협동 육아의 주인공들

임신, 출산, 수유는 포유류 암컷의 생애사에서 가장 큰 에너지가 소모되는 시기다. 신체 자원의 많은 부분이 소비되고, 출산 과정에서는 죽음까지 감수해야 한다. 그래서 주어진 자원을 효율적으로 배분할 뿐만 아니라, 절대적인 자원의 양 또한 평소보다 많이 공급받는 것이 매우 중요하다. 이 어려운 시기를 극복하는 방식은 종마다 다르며 사람은 협동 육아가 진화한 드문 사례에 속한다.

예컨대 새드가 속한 개코원숭이뿐만 아니라 사람과 계통적으로 더 가까운 대형 유인원 — 침팬지, 보노보, 고릴라, 우랑우탄 — 에서조차, 출산한 암컷에게 먹이를 가져다주거나 새끼를 대신 돌봐 주는 일은 거의 일어나지 않는다. 갓 태어난 아기가 궁금해 찾아온 친구들이 산모에게 털 고르기를 유난히 많이 해 주기는 하지만, 거기까지다. 사람에게서는 퍽 다른 풍경이 펼쳐진다. 남편을 비롯해 다양한 친족과 친구가 산모에게 필요한 자원을 주고 양육을 나눈다. 문화권마다 그 양상은 무척 다양하지만, 한 가지 공통점이 있다. 아이를 배고 낳느라 고갈된 산모의 에너지를 산모 혼자 충당하지 않는다는 것이다.

덕분에 계통적으로 우리와 가까운 대형 유인원과 비교했을 때 사람은 평균 출산 터울이 가장 짧다. 오랑우탄 어미는 한 번의 출산 후 다음 출산으로 넘어갈 때까지 6~9년 가까이 걸리는 데 비해, 사람은 (피임하지 않은 경우) 최장 2년이 보통이다. 협동 육아 덕에 다음 출산에 필요한 에너지를 더 효율적으로 충당할 수 있기 때문이다. 이처럼 협동 육아는 같은 시간 동안 더 많은 아이를 낳을 수 있는 기반이었고, 사람의 종 번식도를 높인 인간 진화의 추동력이었다.[6]

분명히 하자. 협동 육아는 엄마를 도와주는 육아가 아니다. 말 그대로 협동해서 아이를 키우는 육아다. 엄마나 아빠가 없더라도 — 더 정확히는 생물학적 부모가 양육사로서 제 기능을 하지 못하더라도 — 아이의 삶은 그 가능성이 닫히지 않도록 말이다. 따라서 누가 엄마인지, 친모인지 아닌지, 이름 붙이기에 연연하는 육아가 아니다. 양육자의 범위를 유연하게 정의함으로써 양육의 혜택을 최대화한 인간의 협동 육아는, 지난 30만 년에 걸쳐 이루어진 인간 진화에서 빼놓을 수 없는 장면이다. 그리고 이 장면의 클라이맥스는 '내 아이'가 아닌 아이들에게 손 내밀어 보듬어 키운, 아이를 낳지 않은 이들의 육아다.

5장
여자라서 그렇다는 말
엄마만으론 부족하다

출산을 앞둔 필자에게 할머니께서 하셨던 말씀이 있다. "우리 때는 밭에 가서 김맬래, 집에서 아이 볼래 하면 십중팔구 밭에 나가겠다고 했어." 유독 개구쟁이처럼 웃으며 이렇게 말씀하시고는 "그런데 요즘 너흰 나갈 밭도 없고 어떡하누." 하시며 손녀 걱정을 덧붙인 할머니. 증손녀가 태어난 지 몇 달 뒤 세상을 떠나셨다.

할머니와 나눈 마지막 대화에는 묘한 구석이 있어서, 시간이 흐를수록 자꾸 곱씹어 보게 된다. 어화둥둥 어여쁜 자기 자식도 정작 키우는 일은 힘들다지만 그 일과 밭일을 맞바꾼다니, 아이를 낳아 키우는 일이 고되기는 예나 지금이나 매한가지였나 보다. 그러나 의미심장한 것은 밭일에 관한 대목이었다. 요즘 우리에게 '없다.'는 그 밭일이 대체 무엇이기에 할머니는 안쓰러워 하셨을까?

잃어버린 밭

지금에 비추어 보면 밭일은 출산과 육아가 속한 가사 노동과 구별되는 임금 노동에 비유해 볼 수 있을 것이다. 하루하루 겨우 끼니를 이어 가며 살던 시절 밭일은 아주 어리거나 나이 들지 않은 이상 남녀 누구니 '해야만 하는' 일이었다. 반면 자본주의 사회에서 '밭일', 그러니까 화폐 가치를 생산하는 일은 특정 집단 ─ 대개는 남성 ─ 에 적합한 일로 여겨지게 되었다. 어떤 일이 더 생산적인지(즉 화폐 가치를 더 창출하는지) 결정하는 데 전통 사회의 차별 구조가 반영되었다. 이에 따라 전통 사회에서 주로 여성이 맡아 온 일들은 '생산성이 없는' 무임금 내지 저임금 재생산 노동으로 새로이 개념화되었다. 밭일은 이제 출산이나 육아와 병행할 수 없는 일이 되었다. 전업 주부라는 말이 생기고 '일을 안 하는' 사람과 동의어로 여겨지기 시작했다.

반세기 동안 빠르게 변한 한국 사회에서 할머니는 노동의 의미가 달라지는 과정에 스스로 몸을 담그셨다. 도시화와 함께 말 그대로 수많은 밭이 사라졌고, 동시에 가사와 돌봄 노동 전반이 담고 있던 생산성의 가치도 줄어들었다는 점에서, 상징적 의미의 '밭' 또한 사라져 갔다.

해리 할로의 원숭이 실험

이러한 변화는 모성이 자연 과학의 언어로 재해석되는 과정을 통해 더욱 공고해졌다. 특히 20세기 중반 행해진 동물 행동 연구는 어미와 애착을 형성하려는 동기가 사람의 본능이라는 메시지를 강화함으로써, 육아가 여성이 '하는' 일에서 '해야 하는' 일로 여겨지는 데 큰 영향을 주었다. 그중 잘 알려진 연구가 1950년대 미국의 해리 할로(Harry Harlow, 1905~1981년)와 연구진이 갓 태어난 붉은털원숭이(*Macaca mulatta*)를 여러 다른 조건에서 혼자 자라게 한 일련의 실험이다. (86쪽 사진 참조)

새끼 붉은털원숭이를 천 인형과 철사 인형이 들어 있는 우리에 넣어 키운 실험은 여러분도 한 번쯤 들어보았을 것이다. 연구진은 천 인형이나 철사 인형 중 하나에만 젖병을 달아 놓고 새끼 원숭이 8마리가 각각 어느 인형과 더 많은 시간을 보내는지 관찰했다. (여기서 인형과 보내는 시간은 원숭이가 어떤 인형을 다른 인형

해리 할로와 새끼 붉은털원숭이, 그리고 '천 인형 엄마'.

에 비해 더 선호하는지 나타내는 척도로 사용되었다.) 어떤 결과를 예상하는가?

오늘날 많은 육아 서적과 심리학 교과서에 실린 이 실험의 결과를 나누기 전에 이 실험을 애초에 하게 되었던 시대 배경을 잠시 살펴보자. 세계 대전이 드러낸 인간성의 광증은 '상처 받은 마음은 어떻게 치유될 수 있는가?'라는, 100년이 지난 지금까지도 유효한 질문을 남겼다. 이 질문은 거꾸로 '상처 받지 않은 마음이란 무엇인가?', 즉 (건강하다는 의미에서) '정상적' 인간 정서의 범주가 무엇인지에 대한 물음이기도 했다. 이는 당시까지만 해도 주로 철학의 영역에 머물러 있던 인간 정서에 관한 질문들, 그중에서도 사랑의 기원에 관한 질문으로 이어졌다.

사랑은 여러 관계에서 발견되지만, 그중에서도 엄마와 자식 사이의 유대는 세계 대전 이후 특히 더 큰 관심의 대상이었다. 산업화와 함께 여성의 임금 노동 참여가 늘어나자 이에 대한 우려가 커진 것과 깊은 관계가 있다. 물론 여성은 언제나 일을 해 왔다. 그러나 일터와 가정이 분리되어 육아와 물리적으로 병행되기 어려운 형태의 일은 분명 새로운 것이었다. '워킹맘'의 아이들은 정서적으로 어려움을 겪지 않을까?

당시 학계 주류는 그렇다고 보았다. 보호자가 먹을거리를 줌으로써 아기와 보호자 사이에 유대가 형성된다고 보는 행동주의적 설명에 따르면, 아기와 보호자의 유대 또한 먹이를 줘 가며 행동 훈련을 시키는 동물과 훈련사의 관계처럼 먹이라는 보상을 통해 학습한 결과물이다. 이 이론대로라면 새끼 붉은털원숭이는 천 인형이건 철사 인형이건 상관없이 젖병이 달린 인형을 선호해야 했다. '사랑은 의식주가 제공되는 한 형성된다.'라는 말처럼.

하지만 실험 결과는 달랐다. 새끼 원숭이는 젖병이 달려 있든 없든 천 인형에 매달려 대부분 시간을 보냈다. 새끼 원숭이들은 놀라면 천 인형으로 돌아가 매달리는 등 천 인형에 정서적으로 의존하는 것처럼 보였다.

완벽한 엄마

이 실험 결과는 무엇을 말하고 있는가? 지금까지도 통용되는 해석은 이 실험이 '아이와 엄마의 유대 관계는 본능'임을 보여 주었다는 것이다. 육아 서적에 빠지지 않고 등장하는 애착 이론의 주창자인 존 볼비(John Bowlby, 1907~1990년)를 통해 널리 알려진 해석이다. 젖병, 즉 먹을거리만으로는 부족하고 천 인형처럼 부드럽고 따뜻한 대상과의 스킨십이 필요한데, 볼비는 엄마만이 그걸 제공해 준다고 보았다. 볼비에게 스킨십은 신체 접촉을 넘어서서 자식의 발달과 정신 건강에 대한 전방위적인 지원을 뜻했고, 이는 오직 '생물학적 어머니'만이 제공할 수 있었다.

그러나 자세히 살펴보면 이 실험 어디에도 '생물학적 어머니'를 가리키는 조건은 없다. 천 인형은 그 자체로 '엄마'로 해석될 이유가 없다. 아빠, 친구, 이모, 형제자매, 할머니, 할아버지, …… 하는 식으로 천 인형은 아기가 친밀함을 느끼며 오랜 유대 관계를 맺을 수 있는 누구라도 상징할 수 있다. 그런데도 볼비는 천 인형에 매달린 새끼 원숭이를 '모든 아이에게는 반드시 엄마가 필요하다.'라는 주장의 근거로 삼은 것이다. 볼비는 아빠나 다른 사람의 역할도 중요하지만, 엄마의 기능을 대체하기는 어렵다고 보았다.

정작 실험을 진행한 할로 박사는 사뭇 다른 해석을 내놓았다. 실험 결과는 새끼 원숭이가 편안하게 접촉할 수 있는 상대를 필요로 한다는 것을 말해 줄 뿐, 그것이 꼭 엄마여야 함을 보여 주는 것은 아니라고 봤기 때문이다. 심지어 할로 박사에게 천 인형은 '살아 있는 엄마'를 대체할 수 있는 존재를 의미했다. 할로 박사의 표현에 따르면 천 인형은 부드럽고 따뜻하고 자상하며 무한한 인내심을 지닌 엄마이자, 24시간 함께 있으나 화를 내거나 때리지 않는, "탁월하게 만족스러운 엄마(eminently satisfactory mother)"였다.[1] 그가 보기에 천 인형은 '살아 있는 엄마'보다 나았다.

할로 박사의 해석이 섬뜩하게 들리는가? 그렇다면 지금 우리 사회가 그리는 이상적인 엄마의 이미지는 어떠한가? 자상하고 아이에게 화내지 않으며 늘 아이 곁을 지키는 엄마가 이상적이라 여겨진다. 동시에 언제나 젖병을 준비할 수 있는 엄마, 즉 직장 생활을 하며 돈을 버는 워킹맘이야말로 완벽한 엄마라고 여긴다. 은연중에 우리는 현실 속 엄마들이 실험실 안 천 인형처럼 '살아 있지 않은 엄마'이기를 바라며, 할로 박사 실험만큼이나 섬뜩한 기대를 하는 것은 아닐까?

이토록 쉬운 육아!

철창 안에 말없이 매달린 천 인형. 새끼 원숭이가 원하는 편안함을 24시간 제공하는 이 '엄마'는 철저히 수동적인 존재다. 수동성은 보통 부정적 가치로 여겨지지만, 엄마의 역할을 이야기할 때는 유독 그렇지 않다. 할로 박사의 원숭이 실험 결과가 해석되는 방식에서도 그랬다.

천 인형의 수동성은 '의식적 노력이 필요 없다.'라는 뜻과 연결되면서, 모성이 본능으로 여겨지는 데 일조했다. 의식적 노력이 필요 없는 일은 후천적으로 따로 배울 필요 없이, 쉽게 할 수 있어야 하지 않겠는가. 할머니의 말씀처럼 옛 아낙들조차 밭일보다 어렵다고 느꼈던 육아가, 어느새 배우지 않아도 쉽게 할 수 있(어야 하)는 일이 된 것이다. 천 인형처럼 자기 의지 없이, 새끼 원숭이가 원하는 대로, 자연스럽게.

이러한 인식의 변화는 여성의 역할로 여겨져 온 가사 및 돌봄 노동이 가치 폄하되는 과정을 견인하고, 또 강화했다. 여기에 애착 이론은 중요한 역할을 했다. 모든 아기에게 '엄마의 따뜻함'에 대한 본능적 욕구가 있듯이, 모든 여성에게는 이러한 욕구를 충족해 주는 '모성 본능'이 있다는 생각을 기반으로 한 애착 이론에 따르면 양육은 여자들에게 쉬운 일이었고, 또 당연히 해야 하는 일이었다. 즉 본성이었다. 본능이니 쉽고 당연히 하는 것이었다.

20세기 중반 애착 이론이 많은 지지를 받을 수 있었던 이유 중에는 '일하는 여자'에 대한 당시 백인 중상류층 문화의 반감과 냉전 상황이 있었다고 과학사가 마르가 비세도(Marga Vicedo)는 분석한다.[2] 당시에도 애착 이론에 대한 비판이 없었던 것은 아닌데, 이에 맞서 볼비 자신이 했다는 말은 흥미롭다.

내 이론을 무너뜨리고자 하는 사람들에는 두 부류가 있다. 첫 번째는 공산주의자로, 당연한 말이지만 공산주의 사회에서는 여자도 일을 해야 하므로 누군가 아이를 돌봐야 하기 때문이다. 전문직 여성이 두 번째 부류다. 전문직 여성은 사실상 가족을 소홀히 했지만, 그걸 인정하는 일만큼은 절대 안 하려 한다.[3]

과학적 이론에 대한 비판은 언제나 있을 수 있지만, 이를 정치적 비난과 인신 공격으로 방어하는 과학자의 태도는 유감이다. 그것도 애착 이론처럼 사회적 영향력이 큰 이론인 경우 더욱 그렇다.

야생 원숭이가 말해 주는 것

여성에게 새로운 정체성을 제안하는 천 인형과 애착 이론 앞에서 아기를 두고 밭일에 나서던 옛 아낙들은 난처해지고 말았다. 그러나 실험실 밖 야생 원숭이들은 엄마의 절대적 역할을 강조하는 애착 이론과는 사뭇 다른 이야기를 들려준다.

어미 잃은 고아 원숭이는 야생에서도 심심치 않게 찾아볼 수 있다. 하지만 실험실과 달리 야생의 고아 원숭이들은 혼자가 아니다. 다른 구성원들과 집단 속에서 함께 살아가며 때로는 입양된다. 밭일 나가는 아낙 뒤에 아기를 돌봐 줄 동네 아이와 어르신들이 있었던 것처럼 말이다. 특히 사람은 협동 육아가 진화한 얼마 안 되는 포유류 종 가운데 하나다.[4] 상대적으로 큰 두뇌 때문에 발달이 특히 더딘 사람의 아기는 1년이 지나서야 겨우 스스로 걷기 시작한다. 어미는 임신 때보다 더 많은 에너지를 필요로 하는 수유를 통해 아기의 생애 첫 시기를 뒷받침한다. 때문에 협동 육아 없이는 각종 포식과 기근의 압력 속에서 새끼와 살아남기란 쉬운 일이 아니었을 것이다.

사람의 협동 육아는 다른 동물에서 관찰된 것과 몇 가지 점에서 다르다. 예컨대 비교적 넓은 관계망 속에서 음식을 나눠 먹고, 번식을 하지 않는 개체들 — 어린아이부터 조부모까지 — 이 번식기의 성체를 도우며, 복잡한 역할 분담을 통해 더 효율적인 협동을 이루어 나간다. 조금 생경하겠지만, 사람처럼 서로 음식을 먹여 주고 또 나눠 먹는 현상은 동물 세계에서 극히 드물다. 가령 같은 사냥감을 함께 먹더라도, 그것은 '나눠 먹는' 게 아니라 서로의 존재를 용인하는 것에 더 가깝다.

협동 육아가 인간의 진화에서 핵심적인 역할을 했다는 점을 고려하면, 양육의 단위를 부모와 자식만으로 구성된 핵가족으로 보는 인식은 비교적 최근의 것임을 알 수 있다. 원숭이 어미들과 인간의 먼 조상들의 엄마들, 그리고 우리네 할머니들 모두, 핵가족 속에서 아이를 키우지 않았다. 아이가 어디를 가고 누구를 만나는지를 엄마가 일일이 좇지 않았다. 태어난 순간부터 아이는 주양육자 외의 다른 이들에게 둘러싸여, 손을 뻗고 기고 걸으며 마주치는 이들 속으로 스며들어 갔다. 육아는 엄마라는 하나의 고립된 원보다는 공동체라는 동심원 속에서 이루어졌다.

"밭에 가서 김맬래, 집에서 아이 볼래?"라는 질문에 선뜻 대답할 수 없는 요즘 부모들에 대한 할머니의 걱정이 다시금 느껴진다. 지금 우리에게 없는 것은 밭이 아니라, 밭과 집 사이를 마음 놓고 오갈 수 있는 '마을'인 것이다. 가정과 양육을 일터와 사회로 이어 주는 마을을 상상하며, 공동체가 주양육자의 존재만큼이나 중요하다는 점을 깨닫는다.

천 인형으로는 부족하다

다시 실험실 새끼 원숭이로 돌아가 보자. 인간의 진화사를 통틀어, '독박 육아'라는 말이 나올 정도로 고립된 방식의 양육은 이루어진 적도, 이루어질 수도 없었다. 따라서 실험실의 천 인형에 매달린 새끼 원숭이만 가지고 곧바로 '엄마'의 중요성을 끌어내는 것은 무리가 아닐 수 없다. 게다가 그 새끼 원숭이들이 성체가 되었을 때 이루어진 후속 연구는 할로 박사와 연구진이 기존 해석을 재고하는 계기가 되었다. 천 인형만 상대하며 자란 원숭이들은 이후 여러모로 발달에 어려움을 보였다. 다른 원숭이와 잘 어울리지 못했고 짝짓기를 하거나 이후에 새끼를 낳아 키우는 데도 서투르거나 이상한 행동을 보였다. 천 인형은 할로 박사의 표현처럼 '탁월하게 만족스러운 엄마'가 아니었던 것이다.

무엇이 부족했던 것일까? 천 인형은 새끼 원숭이의 어떤 행동에도 반응하지 않는다는 점에서 철저히 비사회적 존재였다. 자기 의지 없이 오직 욕구를 충족해 주기만 하는 존재로부터 새끼 원숭이는 다른 원숭이와 어울리고 소통하는 법을 배우지 못했다. 무엇보다 실험실 우리 속에서 천 인형과만 자란다는 설정은 너무나도 비현실적이었다. 붉은털원숭이는 여러 암컷과 수컷이 함께 무리 지어 살아가는 종이다. 예컨대 독거가 기본 생활 형태인 오랑우탄과는 다르다.

실제 아기 붉은털원숭이들은 다양한 사회적 관계망 속에서 태어나 자란다. 사람과 달리 붉은털원숭이는 아빠가 육아를 함께하지 않지만, 어미뿐만 아니라 어미의 친구와 형제자매, 그리고 특히 또래 원숭이는 새끼 원숭이가 커 가는 데 빠질 수 없는 존재다. 천 인형만 상대하며 자란 할로의 새끼 원숭이는 이 누구와도 어울리며 자라날 기회가 없었다.

그리고 엄마만으로도 부족하다

따라서 후속 실험에서 연구진은 천 인형, 즉 '살아 있지 않은 엄마'만으로 부족했던 것이 무엇인지를 밝히는 데 주목했다. 원숭이를 '살아 있는 엄마'와 키우되, 다른 원숭이들은 없이 엄마와만 자라게 해 보았다. 또 '살아 있는 엄마' 없이 천 인형과만 키우면서 대신 다른 또래 원숭이들과 어울릴 기회를 주기도 했다. 즉 엄마와 또래의 중요성을 저울질해 본 것이다.

연구 결과는 다시 한번 예상을 벗어났다. 엄마 없이 또래와만 자란 새끼 원숭이들은 사회적으로 별 탈 없이 지냈지만, 또래 없이 엄마와만 자란 새끼 원숭이들은 그렇지 않았기 때문이다. 천 인형뿐만 아니라 '살아 있는 엄마'로도 부족했던 것이다! 게다가 천 인형이랑만 자라서 이후에 엄마가 되었을 때 이상 행동을 보인 원숭이도 첫 출산 이후에는 새끼를 좀 더 잘 돌볼 수 있게 되었다. 첫 출산을 통해 새끼 돌보는 법을 터득하게 된 덕도 있을 터다.

후속 연구 결과들은 이전의 인형 실험만큼 주목받지 못했다. 인형 실험에 따르면 새끼 원숭이에게는 24시간 늘 함께하는 '따뜻하고 부드러운' 존재가 필요하다. 후속 연구에 따르면 그 존재가 꼭 엄마일 필요는 없었고, 새끼는 경험을 통해 '사랑하는 법'을 배워 나갈 수도 있어 보였다. 그런데도 천 인형 실험 결과만이 선택적으로 인용되며 생물학적 엄마의 역할을 강조하는 애착 이론이 대중화되는 데 기여한 것은, 직장 생활을 하는 여성이 늘어나던 당시 상황을 부정적으로 여긴 정서와 무관하지 않았다.

사랑은 엄마보다 더 크다

과학사는 하나의 연구 결과가 새로운 증거를 통해 강화되거나 정교화되고 또 때로는 반박되는 열린 과정이다. 연구자가 속한 사회적 환경에 따라 같은 연구 결과가 다르게 해석되기도 한다. 그 역동 속에서 어느 정도의 일관된 결론에 도달할 수 있을 때, 오랜 시간과 노력을 들인 연구의 가치가 비로소, 조금씩, 그러나 확실히 빛난다.

정작 인형 실험으로 유명한 할로 박사가 연구 말년에는 초기와 다른 결론에 도달했다는 것은 연구라는 행위가 연구자 자신에게도 배움의 과정임을 보여 준다. 그런 점에서 우리 또한 오늘날까지도 각종 육아서에 인용되는 원숭이 실험의 의의를 다시 생각해 보면 어떨까? 실험실 안에 고립된 채 자라나는 새끼 원숭이 8마리에서 과연 우리는 엄마가 필요한 이유를 찾을 수 있을까? 철창 안 천 인형처럼 '독박 육아'에 임하는 현실 속 수많은 엄마에 대한 우리의 기대만을 확인하는 것은 아닐까?

할로 박사는 후기 연구 결과를 토대로, 엄마(혹은 엄마로 표상되는 주양육자)만큼이나 중요한 것은 친구이며, 두 종류의 관계는 서로를 보완한다고 결론지었다. 인간의 정서는 특정 시기, 특정 존재와의 관계로 완전히 결정되기보다는 다양한 존재의 관계 속에서 형성되고 변화하는 탄력성을 지녔다.

과학계 밖으로는 좀처럼 알려지지 않은 할로 박사의 이 같은 결론은, 긴 생애를 살아가는 영장류의 삶을 고려했을 때 더 설득력이 있는 진화적 설명을 제공한다. 그의 말처럼, "사랑으로는 충분하겠지만, 엄마의 사랑만으로는 충분하지 않다."[5]

6장
남자라서 그렇다는 말
아빠가 되고 싶은 남자들

요리는 가정마다 성별 분담이 뚜렷한 활동 중 하나다. 주로 여자가 하고, 남자는 안 한다. 아니, 남자는 요리를 '못한다.'라고들 한다. 과연 그런가?

텔레비전을 켜면 남자 요리사들이 '셰프' 칭호를 받으며 인기몰이를 한다. 날마다 삼시 세끼를 걱정하는 주부들에게 요리하는 남자는 그야말로 로망이다. 그러나 요리 프로그램에 나온 남자 요리사들은 정작 이렇게 말한다. "저는 집에 가면 절대 요리 안 해요. 아내가 해 준 밥 먹습니다." 프로그램 진행자와 깔깔거리고 웃는 사이 우리는 쉽게 잊곤 하는 사실을 깨닫는다. 남자들은 요리를 못하는 게 아니라 안 하는 거구나!

남자들이 못하는 게 아니라 안 하는 것은 물론 가사 노동 말고도 많다. 예컨대 남자들도 운다. 여자들만큼 울지 않을 뿐이다. 남자와 여자의 우는 횟수를 연구해 보면 평균적으로 남자가 적고 이런 성차는 어린이들에게서도 나타난다고 한다.[1] 이러한 결과를 두고 '남자가 여자보다 슬픔을 느끼는 능력이 떨어지기 때문'이라고 해석하는 사람이 있을까? 울지 않는 것을 '사내다움'과 연결 짓는 사회에서 남자들은 단지 하고 싶은 것보다 덜 울며 살아가는 게 아닐까? 어렸을 때부터 말이다.

남자, 사냥꾼?

2020년 봄, 교육부에서 내놓은 「아버지를 위한 자녀 교육 가이드」가 논란이 되어 하루 만에 삭제되는 일이 있었다.[2] 가이드는 "왜 아빠는 엄마보다 공감을 못 한다고 할까요?"라는 질문을 던지고, 그 답을 '남자, 사냥꾼(man the hunter)' 가설에서 찾았다. 정부 기관 발행물에서 '남자는 공감 능력이 떨어진다.'라는 메시지를 전달하고, 무엇보다 학계에서는 이미 그 정당성을 의심받은 지 오래인 남자, 사냥꾼 가설에 기대었다는 점은 매우 유감이다.

남자, 사냥꾼 가설을 요약하자면 이렇다. 약 1만 년 전 첫 농업 혁명이 일어나기 전까지 사람은 사냥을 하거나 열매, 뿌리 따위를 구해 생계를 이어 나가는 수렵 채집(hunter-gathering (foraging)) 사회에서 살았는데, 여기서 남자는 사냥, 여자는 채집을 담당하는 것으로 성역할 분담이 진화했다는 것이다. 남자, 사냥꾼 가설은 두 가지 가정에 기댄다. 첫째, 남자가 여자보다 신체적으로 사냥에 더 적합하다는 가정, 둘째, 임신, 출산, 육아는 사냥과 병행하기 어렵다는 가정이다. 그래서 남자들은 사냥에 주력하고 양육에는 상대적으로 시간을 보내지 않은 결과 공감 능력이 상대적으로 발달하지 못했다는 것이 이 가설에서 파생된 예측 가운데 하나다. 이 외에도 언어 능력, 공간 인지 능력처럼 남녀 사이에서 나타나는 각종 심리 및 행동의 성차를 설명하는 데 남자, 사냥꾼 가설은 작업 가설로 흔히 동원된다.

남자, 사냥꾼 가설은 20세기 초 서구 인류학에서 출발해, 이제는 대한민국의 자녀 교육 가이드에도 등장할 만큼 널리 알려졌다. 사람의 과거를 이해하기 위한 자료가 지금만큼 풍부하지 않았던 때, 그리고 지금보다 성역할에 대한 고정 관념이 강하던 때 인류학자들은 남성 주도의 사냥이 인류 진화의 동력이라고 보았다. 이들에 따르면 사냥은 두드러지는 인간의 특징 — 직립 보행과 큰 두뇌, 정교한 도구 사용과 고도의 협동 — 이 전형적인 형태로 활용되는 장이었다. 채집보다는 사냥을 더 역동적이고 카리스마 있다고 여겨서였을까? 도구를 들고 전방에 선 남자와 동굴 가까이에 아이를 안고 있는 여자의 모습으로 '인간의 진화'가 각인되는 데 결정적인 역할을 한 게 남자, 사냥꾼 가설이다.

정작 덜 알려진 것은 남자, 사냥꾼 가설이 사실이 아니라 가설이며, 20세기 중반 이후 다방면으로 반박되었다는 점이다. 이 가설의 요모조모에 물음표를 달고 다양한 자료에 비추어 본 결과 이 가설은 더는 지지받지 않게 되었다.

사냥은 주로 남자가 하는가? 현존하는 수렵 채집 사회들을 연구한 결과 남자가 사냥하는 정도는 사회마다 무척 달랐고, 많은 사회에서 여자도 사냥하는 것으로 나타났다. 수렵 채집 사회 63개를 조사한 결과에 따르면 79퍼센트의 사회에서 여자가 사냥하며 출산 뒤에도 사냥을 계속했다.[3] 대다수는 가령 작은 동물이 보이면 잡는 식으로 기회가 있을 때만 사냥을 하는 게 아니라, 사슴처럼 몸집이 큰 동물을 잡는 계획적인 사냥(big-game hunting)을 했다.

사냥은 채집보다 영양적으로 더 중요한 식량을 제공하는가?

농업이 본격화되지 않은 사회에서 식량 자원이 조달되는 정도는 때마다 변동이 심하다. 따라서 사냥이나 채집 중 어느 하나가 주요 영양 공급원이어서는 곤란하다. 가령 탄자니아 초원의 하드자(Hadza) 부족에서는 남자, 사냥꾼 가설에서처럼 남자가 주로 사냥하는 편인데, 기린 등 몸집이 큰 동물을 주로 사냥하기 때문에 사냥의 성공 확률은 1개월에 한 번꼴이라고 한다.[4] 그들은 필요 열량을 대부분 백과사전식 지식과 복잡한 기술을 동원해 채집한 식물 자원에 의존한다. 하드자 부족에서는 꿀도 중요한 식량 자원이다. 따라서 채집에 들어가는 노동량, 그리고 채집을 통해 획득된 자원의 중요성은 사냥보다 덜하다고 할 수 없다.

남자들은 신체적으로 사냥에 더 적합한가? 남녀 호르몬의 분비 양상에서 상당 부분 기인하는 운동 기능의 성차는 분명 존재한다. 중요한 것은 남자와 여자에서 최적화된 기능이 다르고, 어떤 종류의 사냥인지에 따라 필요로 하는 신체 기능도 다르다는 점이다. 몸집이 큰 동물을 사냥할 경우 때로는 온종일 한 사냥감을 쫓아야 하므로 지구력이 관건일 수 있다. 운동 생리학 연구에 따르면 남자는 짧은 시간에 스퍼트를 내는 활동에, 여자는 지구력이 있어야 하는 활동에 더 적합한 방식으로 지방 신진 대사가 이루어진다.[5] 같은 양의 운동을 했을 때 근육이 피로해지는 정도도 여자가 낮은 편이다. 여자의 평균 달리기 속도가 남자보다 느린 까닭이 여자의 넓은 골반 때문이라는 가설도 최근 반박되고 있다. 골반이 넓은 정도와 움직임의 효율성 사이에 관계가 없었기 때문이다.[6] 따라서 어느 한 성별이 사냥에 더 적합한 신체를 지녔을 거라고 보기는 어렵다.

공감 능력은 꼭 아이를 돌보는 데만 중요한가? 여러 명과 신호를 주고받으며 조직적으로 사냥감을 쫓아야 할 때, 심지어 사냥감의 동선과 생각을 예리하게 파악해야 할 때, 그리고 사냥에서 얻은 고기를 마을 사람들과 나눌 때 필요한 고도의 협력과 소통 능력을 생각해 보면, 공감 능력은 사냥에서도 필수적이었을 것으로 보인다. '남자 = 사냥 = 공감 못 함'의 연결 고리가 생각보다 느슨해 보이기 시작했다.

여기에는 고고학 연구도 기여했다. 2020년, 몸집이 큰 동물을 사냥할 때 쓰는 매우 정교한 도구들을 분석한 결과가 발표되었다.[7] 연구를 이끈 랜달 하스(Randall Haas) 교수는 2018년 페루의 어느 매장지에서 그 도구들이 처음 발견되었을 당시 당연히 남자의 것으로 생각했다고 회고한 바 있다. 그러나 도구와 함께 매장된 사람 뼈는 여성, 그것도 청소년기 여성의 것이었다.[8]

예상 밖 결과가 특이한 예외 사례에 불과한 것인지 알고 싶

약 9,000년 전 안데스 고지대에서 사냥했을 어느 여자 사냥꾼의 모습을 재구성한 모습이다. 과학은 우리의 선입견을 재확인하는 도구가 아니라, 그 선입견을 최대한 의식하고 의심하며 내 앞의 증거를 해석하는 태도다. 그렇게 우리는 과학을 통해 믿음을 업데이트한다.

6장 남자라서 그렇다는 말

었던 연구진은, 아메리카 대륙 전 지역에 걸친 매장지 429군데에서 발굴된 비슷한 시기(후기 플라이스토세~초기 홀로세)의 사냥 도구를 모두 분석해 보기로 했다. 성별을 확실하게 감식할 수 있었던 매장지 27군데로 분석을 한정했을 때, 11군데에서 발견된 사냥 도구가 여성의 것으로 나타났다. 서로 다른 분석법을 적용해도 사냥 도구의 30~50퍼센트는 여성의 것이었다. 다수는 아니지만, 사냥과 채집으로 엄격한 성역할 분담이 진화했다는 남자, 사냥꾼 가설과 부합하는 패턴으로도 보기 어려웠다. 연구결과는 성별에 기대어 행동과 역할을 규정하기 어렵다는, 이제는 상식으로 자리 잡은 사실을 다시 한번 일깨운 셈이다. 설령 여자가 남자보다 사냥을 덜 했다고 하더라도, 남자, 사냥꾼 서사에서 그려 내는 것처럼 사냥꾼의 역할이 남성성과 여성성을 가를 만큼 핵심적이었는지 불분명하다.

믿음을 업데이트하기

방금 나는 "불분명하다."라고 말했다. 이른바 전문가라 불리는 집단에 속한 과학자들이 많이 쓰는 표현이기도 하다. '맞다/틀리다.', '이다/아니다.'를 확실하게 말하지 않고 에둘러 말하는 것이 재미없고 답답하게 느껴질 수 있겠다.

앞서 소개한 페루 연구를 이끈 하스 교수는 고고학을 하는 과학자다. 하스 교수도 본인 연구를 들면서 "따라서 '남자, 사냥꾼 가설'은 틀렸습니다."라고 말하는 대신, "제 연구는 '남자, 사냥꾼 가설'에 이의를 제기합니다."라고 했다. 기자들이라면 좋아하지 않을 이런 애매한 표현을 과학자는 왜 선호하는 것일까?

바로 과학은 가설의 옳고 그름을 판단하는 일순간의 사건이 아니기 때문이다. 그 자체로 옳고 그른 가설은 없다. 다만 해당 가설을 지지하는 근거가 얼마나 되는지에 따라 합리적 의심의 무게를 달리 할 수 있을 뿐이다. 과학은 주어진 근거에 기대어 우리가 가진 믿음을 저울질하는 과정이다.

예를 들어 생각해 보자. 지구를 중심으로 하늘이 돈다는 천동설이 오랫동안 사실로 여겨졌고 지동설이 소수 의견으로 존재하던 시절이 있었다. 그러나 기술이 발전해 망원경이 좋아짐에 따라 지동설에 부합하는 근거가 더 많아졌다. 누구도 천동설의 폐기를 '공식적으로' 선언하지 않았지만, 이 가설의 신빙성이 줄어듦에 따라 우리의 믿음이 업데이트된 것이다.

남자, 사냥꾼 가설도 마찬가지다. 초창기 '안락 의자 인류학'의 대표적인 예로서, 호모 사피엔스라는 종의 진화사를 이해할 만한 자료가 부족하던 20세기 초 충분한 근거가 없이 스토리텔

링에 기대어 만들어진 이 가설은 고고학, 고유전학, 영장류학, 현존 수렵 채집인 연구 등을 통해 진화 인류학자들이 길어 올린 다양한 근거에 비추어 재고되고 있다.

인간의 진화사를 복원하는 일은 쉽지 않다. 앞서 소개한 페루 연구에서 429군데의 매장지 가운데 27군데에서만 도구 사용자의 성별을 확실하게 알 수 있었다는 점은, 정작 연구자들에게 인간의 과거가 얼마나, 그리고 여전히 희미한 대상인지 말해 준다. 하물며 수만 년, 심지어 수십만 년 전의 과거를 알고자 하면 오죽할까. 수십 년 동안 현지 조사를 하며 온전한 상태의 도구나 뼈를 발견하는 일은 복권 당첨에 비유될 정도로 극히 드물다.

이처럼 제한된 자료를 통해서도 많은 것을 배울 수 있다는 사실이야말로, 가만히 생각해 보면 놀라운 일이다. 여러분 손바닥 위에 놓인 작은 석기 파편과 뼛조각이, 최근에는 뼛조각에서 얻은 DNA 샘플이 석기의 사용처와 사용자에 대해 우리가 보는 것 이상의 정보를 주고 있다. 여기에는 '그럴듯한' 이야기를 만들어 내는 실력이 필요 없다. 오히려 제한된 자료를 내가 원하는 대로 해석하지 않도록 자제해야 한다.

과학은 주어진 자료의 한계 속에서도 배울 수 있는 것(그리고 배울 수 없는 것)이 무엇인지, '그렇다.'라고 하는 것이 있으면 그것을 지지하는 것이 무엇인지 다시 또다시 확인하며, 그런데도 남아 있는 불확실성이 또 없는지 체크하는 태도다. 이 지난한 과정은 복잡하고 또 느리지만, 이름 없는 수많은 연구자가 묵묵히 지켜 온 과학의 기본 정신이다.

덕분에 우리는 하늘이 우리를 중심으로 돌지 않아도 여전히 경이로울 수 있음을 알게 되었다. 사냥은 남자만이 아니라 여성 청소년도 했을 것이라는 흥미진진한 가능성을 상상할 수 있게 되었다. 전염병의 원인이 마녀들의 저주가 아니라 눈에 보이지 않는 균의 작용 때문임을 밝힘으로써 수많은 죽음을 예방할 수 있게 되었다. 느리지만 확실하게 근거에 기반해 믿음을 업데이트하는 과학의 정신은 우리에게 멋지고 또 값진 기회를 선사한다.

실제 차이와 느껴지는 차이

남자, 사냥꾼 서사가 애초에 등장하고 또 널리 퍼질 수 있었던 것은 무엇보다 현실 속에서 우리가 경험하는 다양한 성차와 잘 들어맞았기 때문이다. "남자는 공감을 못 한다잖아." 우리는 여러 상황에서 이런 말을 하고 또 듣는다. 이러한 경험이 반복되면 정말로 남자는 여자보다 공감하지 못하는 것처럼 보이기 시작한다.

그러나 '그렇게 보이는 것'과 '실제로 그러한 것'은 다르다. 이 점을 분명히 하고 후자를 밝히는 태도가 다름 아닌 과학이다. 성차를 연구하는 과학자들은 성차가 존재한다는 점에 초점을 맞추는 대신, 성차의 정도가 실제로 얼마나 되는지부터 따져볼 것을 권한다.

예컨대 키는 남자가 여자보다 평균 10~15퍼센트 크다. 여기서 '평균'이라는 단어를 놓치지 말자. 남자 평균이 여자 평균보다 크다는 말이, 마치 '모든' 남자가 '모든' 여자보다 키가 크다는 인상을 주기 때문이다. 사실은 그렇지 않다는 것을 우리 모두 잘 알고 있다. 무작위로 추출한 100명의 남자와 100명의 여자를 키 순서대로 세워 보면, 키가 큰 쪽에는 남자가, 작은 쪽에는 여자가 많을 확률이 높겠지만 실제로는 남녀가 앞서거니 뒤서거니 하며 섞인다. 평균 키는 분명 남자가 크지만, 키의 분포는 남자와 여자에게서 겹치기 때문이다. (111쪽 그림에서 왼쪽 그래프 참조)

심리적 특질에서는 그 겹침의 정도가 더하다. (111쪽 그림에서 오른쪽 그래프 참조) 심리학자 재닛 하이드(Janet Hyde)는 120여 개의 심리적 특질(수학(數學) 관련 인지적 기능, 기질, 감정, 공격성, 리더십 같은 성격과 사회적 행동, 심리적 안녕)이 남자와 여자에게서 얼마나 다른지를 본 5,000개가 넘는 연구를 모아 메타 분석했다. 일

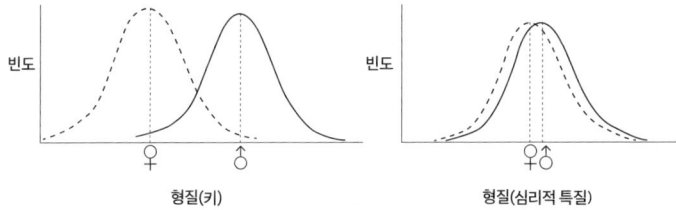

어떤 형질에서 남자와 여자의 차이는 남자에서 잰 값과 여자에서 잰 값을 각 값(x축)의 빈도(y축)에 따라 나열해 그 분포를 비교해 이해할 수 있다. 가장 빈도가 높은 값, 즉 분포의 꼭대기를 이루는 값이 평균 같은 중앙값이다. 키(왼쪽)처럼 신체적 특징은 심리적 특성(오른쪽)에 비해 남녀 평균의 차이가 큰 편이나, 그림에서처럼 키의 분포는 남녀에서 겹친다. 남자보다 큰 여자, 여자보다 작은 남자가 존재하기 때문이다. 남녀 분포가 겹치는 정도는 심리적 특질에서 더하다. 그래서 남자라는, 또는 여자라는 사실로 그 사람의 심리적 성향이 어떠할지 예측하기가 그만큼 어렵다. 다른 말로, 심리적 특질에 있어 남녀 차이를 말하는 것은 그다지 유용하지 않다는 뜻이다.

련의 연구를 통해 하이드는 80퍼센트 가까이 되는 심리적 특질에서 성차가 매우 작다는 것을 관찰했다.[9] 이는 연령, 문화, 세대에 걸쳐 살펴보았을 때도 비교적 일관된 결과를 보였다.[10] 예컨대 성차가 크다고 여겨지는 수학 성적의 경우 성차는 표준 편차 차이가 0.08인데, 이는 여자 수학 성적의 중앙값보다 높은 점수를 받는 남자가 남자들의 절반을 아주 약간 웃돈다는 것을 뜻한다.[11] 흔히들 "남자가 여자보다 수학을 잘한다."라고는 하지만 실제 성차는 작은 것이다.

여전히 남자와 여자는 너무나 다르다고 느끼는가? 그렇다면 오히려 우리가 성차를 말하고 문화적으로 공고히 하는 방식을 들여다보기를 권한다. 실제로는 그리 크지 않은 차이가 '크다/작다.', '높다/낮다.', '잘한다/못한다.' 같은 언어의 거름망을 거치고 나면 어느덧 큰 차이, 그것도 돌이킬 수 없는 차이로 인식되기 시작한다. (100점짜리 옆 95점이 여전히 '낮은' 점수가 되는, 너무나 익숙한 장면을 생각해 보라!) "그것 봐, 정말 다르지?" 하며 차이에 대한 인식을 공유하면 할수록 확증 편향으로 차이는 부풀려지고, 각종 제도적 장치들을 통해 더욱 강화된다. 어느덧 남자와 여자는 너무 다른 나머지 심지어 다른 행성에서 왔을 거라는 생각에 익숙해지게 된다. 비교의 출발점은 평균값의 작은 차이였는데도 말이다.

비난 대신 기회를

아이를 키우지 못할 만큼, 그래서 육아 휴직은커녕 밤에도 주말에도 아이와 시간을 보내는 것이 기대되지 않을 만큼 남자들의 공감 능력은 부족한가? 남자가 여자보다 평균적으로 덜 운다고 하더라도, 남들을 눈물 흘리게 할 만큼 감동적인 예술 작품을 못 만드는 것은 아니지 않은가? 오히려 반대다. 이름을 떨친 예술가 중에는 남자의 비율이 월등히 높다. 남자가 공감력이 떨어져서, 눈물을 덜 흘려서가 아니다. 예술 활동을 할 수 있는 기회, '이름을 떨칠 수 있는' 기회가 남자에게 더 많았기 때문이다.

물론 남자에게 덜 주어지는 기회도 많다. 아이를 키울 기회가 대표적이다. 앞에서 이야기한 교육부의 가이드 말마따나, 남자는 공감력이 떨어져 아이를 잘 못 키운다고 사람들은 말한다. 그러나 이 말은 누군가의 아빠이자 또 아빠이고자 하는 사람들, 아이를 키우며 잊지 못할 소중한 경험을 한 수많은 남자에게는 부당하기 그지없다. 마치 여자는 어떤 능력이 부족하니 특정 직업군을 잘할 수 없다는 말처럼 말이다.

2020년 영국 《가디언》에는 자발적으로 혼자 아이를 낳아 키우는 아빠들이 늘고 있다는 기사가 실렸다.[12] "나는 언제나 아빠가 되고 싶었어요."라고 한 아빠는 말했다. 남자들은 여러 이유로 그럴 기회를 얻지 못했다. 하지만 어떤 남자들은 그런 상황을 바꿔 가고 있다. 유명 가수 리키 마틴(Ricky Martin, 1971년~)도 그중 하나다. 인공 수정과 대리모를 통해 쌍둥이 아들을 얻었고, 최근 남성 파트너와 결혼한 뒤에도 인공 수정으로 두 아이를 더 얻어 이제 네 아이를 키우고 있다.

남자들이 변해서, 공감 능력이 좋아져서일까? 아니다. 인공 수정의 발달과 대리모 출산 기회 확대, 신생아의 법적 양육권을 누가 가지는지와 관련된 법안의 개정이 결정적인 계기였다. '아이 출산 여부'를 '아이를 키울 의지'와 구별하고 양육권에 대해 다시 생각하게 된 것이다.

그러나 발상의 전환은 생각만큼 쉽지 않다. 남자가 아이를 키우겠다고 할 때, 우리는 어딘가 잘못되었다고 생각한다. "자연스럽지 않다." 남자만 있으면 왠지 아이를 잘못 키울 거라고 의심하고, 친부가 아닌 경우에는 심지어 아이를 성적으로 학대할 거라는 의심까지 더한다. 남자는 정말로 아이를 못 키울까? 못 키울 거라는 편견이, 남자들에게 아이를 키울 기회조차 만들어 주지 않는 건 아닐까?

아빠의 진화

인류학자들의 현지 조사에 따르면 현존하는 수렵 채집 사회에서도 남자는 여자에 비해 자녀와 보내는 시간이 평균적으로 짧다. 하지만 산업 사회나 심지어 농경, 목축을 주로 하는 사회들과 비교하면 길고, 아빠가 양육에 직접 참여하는 비율도 높다.

중앙아프리카 콩고 강 유역에 사는 아카(Aka) 부족에서는 아빠가 아이와 많게는 하루에 22퍼센트의 시간을 보내고 아이를 입 맞추고 안아 주는 빈도가 엄마보다 더 높다. 아이들과 보내는 시간이 길고 아이들의 언어적, 비언어적 신호에 예민하게 반응하며 아빠와 아이 사이의 애착도 강하다고 한다.[13] 적어도 아카 부족의 사례로 비추어 보면 남자들이 양육에 필요한 공감 능력을 갖추지 못했다고 보기 어렵다.

오히려 인간의 진화는 부부, 친족 등 공동체가 함께하는 협동 육아를 주된 축 삼아 이루어졌다는 것이 최근 학계의 견해다. 다른 영장류에 비해서도 인간은 발달하는 데 오랜 시간이 걸리는 데다, 진화하는 동안 잦은 기후 변동에 적응해야 했기에 고도의 협력 관계 속에서 아이를 키우는 것이 종의 생존에 필수적이었을 것으로 유추된다. 이러한 배경에서 남자들은 양육을 못 하기는커녕 다른 종과 비교했을 때 더 잘하도록 진화했을 가능성이 크다.

특히 나와 친밀한 타인 — 전형적으로 자식, 친족, 친구 — 의 요구에 반응하는 데서 공감 능력이 기원했으리라는 최근 가설에 비추어 보면, 남자들의 공감력이 낮을 것이라고 보기는 어렵다.[14] 따라서 질문은 '남자는 왜 여자보다 공감을 못 할까?'가 아니라, '남자들이 공감을 더 잘하고, 나아가 육아에 참여하는 것은 어떤 상황일까?'로 바뀌어야 한다.

콩고 강 유역의 또 다른 수렵 채집 부족인 에페(Efe) 부족의 아빠들은 앞서 소개한 아카 부족보다 매우 적은 평균 2.6퍼센트의 시간을 아이들과 보낸다고 한다. 이처럼 남자의 양육 참여 정도가 사회마다 다르다는 사실은 서구 사회와 동아시아 사회를 비교해 보아도 알 수 있다. 서구의 남자가 동아시아의 남자와 다르게 진화해서가 아니라, 남자의 역할을 사회적으로 정의하고 동원하는 방식이 달랐던 것이다.

예컨대 아카 부족과 에페 부족은 식량 자원을 조달하는 데 남녀가 협력하는 정도가 다르다고 한다. 아빠들이 아이와 많은 시간을 보내는 아카 부족 사회에서는 그물을 쳐서 작은 동물을 잡는 방식으로 주로 사냥한다. 여자가 남자보다 더 자주 그물 수렵을 하고 부부가 함께하는 경우도 많은데 이때 대화와 소통이 중요한 역할을 한다. 여자가 경제 활동에 참여하는 정도, 남녀가 협력할 수 있는 조건에 따라 남자들의 육아 참여 정도가 달라지는 것이다.

그러니 이제 남자들이 공감을 못 한다느니, 육아에 젬병이라느니 하는 말은 그만두자. "남자들이 원래 그렇지 뭐."같이 남성성을 병리화하는 언어 습관, 나아가 생각 습관은 남자에게도, 여자에게도, 그 누구에게도 도움이 되지 않는다. (누군들 안 그러랴!) 아이와 눈 맞추고 공감하며 눈물 흘릴 수 있는 마음은 엄마와 아빠, 나아가 인류 모두에게서 진화했다. 수컷의 양육 참여는 인간 진화사를 관통하는 주제로, 침팬지, 보노보, 고릴라, 오랑우탄과 함께 인간이 속한 대형 유인원과에서 인간만이 보이는 특이점이다.

남자들이 집에서 요리를 안 한다고 해서, 눈물을 안 보인다고 해서 실제로 '못 우는' 게 아니듯, 남자들이 육아를 덜 한다고 해서 그들이 육아를 못 하는 게 아니다. 남자들의 잠재된 육아 실력을 발휘할 수 있는 사회적 조건, 이에 대한 합의와 지원이 필요하다. 육아를 특정 성별과 묶지 않는 인식, 남녀 모두 육아 휴직을 쓸 수 있는 정책, 저녁 전에는 퇴근하는 근로 문화를 만들어 주자. 남자들에게도 육아의 고충과 기쁨을 함께할 기회를 더 만들어 주어야 한다.

『아빠 육아 업데이트』 저자인 홍석준 작가의 말처럼 "언젠가 '아빠 육아'라는 말이 완전히 없어져 마치 여성에게도 투표권을 달라고 주장하던 시대처럼 전설로 남길"[15] 바라는 것은 전혀 무리가 아니다. 남자들은 충분히 할 수 있으니까.

7장
이게 사람 본성이라는 말
보노보이거나 침팬지이거나

몇 해 전, 일터에서 어떤 사람과 마주쳤다. 코로나19 범유행이 시작된 뒤로 오랫동안 재택 근무를 했고 마스크까지 쓰고 있었기 때문에 누구인지 긴가민가했다. "안녕!" 일단 인사를 건넸다. 얼굴을 마주 보고 대답을 들은 뒤에야 새로 온 동료임을 알았다. "안녕! 나는 옥사나(가명)라고 해. 이번에 우크라이나에서 왔어."

그제야 기억이 났다. 일주일 전 직장 동료에게 연락을 받았다. 우크라이나에서 새로 오는 동료가 아이 학교를 찾는데, 비슷한 또래의 아이를 낯선 나라에서 키우는 비슷한 입장에서 혹시

도움을 줄 수 있겠냐고.

옥사나는 2022년 2월 말, 러시아의 우크라이나 침공이 시작되면서 하루아침에 난민이 된 수백만 우크라이나 인 중 하나다. 나는 처음 만난 그녀에 대해 아무것도 알지 못했다. 설령 그녀가 내게 무언가를 말해 주더라도, 감히 "안다."라고 할 수 없는 경험을 감내하고 있으리라는 것, 그것만큼은 확실히 알았다. 한 마디 한 마디가 조심스러웠다. 그에 비해 옥사나는 적극적이었다.

"너도 아이가 있다고 했지! 우리 아이랑 비슷한 또래라고 했던 거 같은데. 적응하는 데 좀 어때?"

조심한다는 이유로 머뭇거리던 내 앞에 옥사나와 나의 공통분모가 선명하게 떠올랐다.

우리는 다르지 않으니까

다름 아니라 우리 둘 다 사랑하는 아이가 있다는 사실, 그래서 지금 이 순간 이곳에서 전쟁이 난다면, 나 또한 같은 선택지 앞에 서게 될 거라는 사실이었다. 그러니까 정확히 옥사나가 그랬듯, 아이의 출생 증명서를 챙길 겨를도 없이 서둘러서 짐을 싸고, 아이와 기차역으로 향하기 전 전쟁을 치르기 위해 남아야 하는 남편과 마지막이 될지도 모를 인사를 나누는 것이다.

이 모두가 옥사나와 나, 그리고 그와 나의 남편이 우리 아이들을 사랑하기 때문임을 깨닫는 것은 그리 어렵지 않다. 그러나 나와 옥사나의 가족만이 아이들을 사랑하는 게 아니라는 점을 깨닫기 위해서는 노력이 필요하다. 심지어 우크라이나를 침공한 러시아 사람들도 아이들을 사랑하지 않겠냐고, 1985년 영국 가수 스팅(Sting)은 「러시아 사람들(Russians)」에서 노래했다. 두 초강대국이 서로를 적으로 규정하고 위협하는 시대 분위기 속에서 스팅은 (구)소련 지도자의 위협적인 발언이나 미국 대통령의 강경한 대응 모두를 비판하면서 정치적 진영 논리를 떠나 상식과 인간애가 중요하다고 호소했다.

"어떻게 하면 아이들을 오펜하이머의 장난감(핵무기)으로부터 지킬 수 있을까요?"라고 물으며 "이데올로기와 상관없이, 우리는 생물학적으로 다르지 않으니까요. 부디 러시아 사람들도 아이들을 사랑하기 바라요."라고 설파한 이 노래는 스팅이 냉전 당시 인공 위성을 통해 당시 (구)소련 텔레비전 방송을 '훔쳐' 봤던 경험에서 유래했다고 한다. 한밤중에 본 그 프로는 한국으로 치면 「뽀뽀뽀」와 같은 어린이 프로그램이었다고 한다. 공들여 만든 그 방송을 보며 스팅은 아이들에 대한 사랑이 어느 사회에나 존재함을 확인했고 그 기억으로 노래를 만든 것이다.

7장 이게 사람 본성이라는 말

러시아가 우크라이나를 침공하고 얼마 지나지 않아 스팅은 이 노래를 다시 불렀다. 정치적 논제나 이데올로기를 넘어서는 '상식'에 호소하는 화법으로 스팅은 질문한다. "러시아 사람들도 아이를 사랑하지 않겠어요?"

사랑하기 때문에

아이들에 대한 사랑은 옥사나와 내가, 러시아 사람들과 우리가 다르지 않다. 아니, 적어도 노래 속에서만큼은 그렇다고 믿고 싶다. 하지만 아이를 사랑한다는 것은 무엇인가?

사랑하기 때문에 일어나는 일들을 생각해 본다. 가령 우크라이나를 침공한 러시아 군인들도 왜 싸우러 왔냐고 물으면, 지켜야 할 가족과 자식을 이유로 들 것이다. 아이를 사랑한다고 할 때 그 아이는 '내' 아이를 뜻하고, 전쟁처럼 모든 것이 지금 이 순간 살고 죽는 문제로 수렴되어 버리는 상황은 '내' 아이를 사랑한다는 이유로 '남'의 아이를 죽이는 역설을 정당화한다.

인생이 삶과 죽음의 동전 던지기가 되어 버릴 때, 아이에 대한 사랑은 수많은 아이러니를 낳는다. 공식적으로는 휴전 상황인 우리 사회 역시 예외는 아니다. 교육 제도는 그 경쟁의 정도가 말 그대로 살인적이다. 실제로 많은 아이를 자살로, 또는 죽은 것과 다름없는 삶으로 밀어붙인다. 자녀 교육을 전쟁에 비유하는 것은 예사다. 쉼 없이 아이들을 점수 전쟁에 내몰면서 내 아이의 성공('삶')을 다른 아이의 실패('죽음')로 정의하는 데 주저함이 없다. 아이를 사랑하지 않아서가 아니라 너무 사랑해서라고들 말한다.

한국은 역사적으로 해외 입양아가 많은 나라이기도 하다. 혼인 외 관계에서 태어나거나 장애를 갖고 태어나는 등 이른바 '정상성'의 범주에서 벗어나면 아이와 가족 모두에게 평생토록 낙인이 찍히는 사회에서 입양은 '아이에게 더 좋은 기회를 주기 위한' 선택이라 여겨져 왔다. 그러나 사랑하기에 버린다는 이 역설을 아이에 대한 사랑이라 말하기는 끝내 어렵다.

유행가를 흥얼거리듯 사랑을 말하기는 쉬워도, 정작 행동으로 보이기는 너무나도 어렵다. 사랑하기 때문에 살리고, 사랑하기 때문에 죽이고 버리고 떠난다. 사랑하기 때문에 아이들을 학원으로 내몰고, 사랑하기 때문에 일절 학원에 보내지 않기로 한다. 사랑하기 때문에 전쟁도 불사한다. '사랑하기 때문에'라는 말은, 사랑을 받는 이가 원하는 것을 묻는 수고로움을 뒤로한 채, 그저 내가 생각하는 사랑을 정당화하는 데 갖다 붙이는 미사여구일 뿐인 것일까?

우리가 '생물학적으로 다르지 않은' 이유를 아이에 대한 사랑에서 찾은 스팅의 노랫말이 생각보다 단순하지 않은 이유가 여기에 있다. 여기서 생물학적이라는 말은 '누구나 다 지닌', 그리고 '상황에 따라 쉽게 바뀌지 않는' 어떤 속성을 가리키는 듯하다. 인간 본성이라는 표현은 이런 맥락에서 자주 등장한다. 스팅은 노래에서 이렇게 묻고 싶었는지 모른다. 아니, 아이를 사랑하는 것은 인간 본성 아닌가요?

침팬지이거나 보노보이거나, 혹은 둘 모두이거나

본성에 호소하는 화법은 서로의 다름을 불식하는 목석으로 사용될 때는 강력한 설득의 도구가 될지 모른다. 우리 모두 아이들을 사랑하니, 전쟁을 그만하자고 말할 때처럼. 하지만 이러한 화법은 대체로 화살을 먼저 쏘고 나서 과녁을 그리는 꼴이 되기 쉽다. 누군가는 금세 이렇게 반문할 것이기 때문이다. "서로 싸우고 죽이는 행동도 인간 본성 아닌가요?"

무리를 지은 수컷 침팬지가 이웃 집단의 침팬지를 공격하고 일부 학자들이 '고문'이라고 표현할 정도로 잔인하게 죽이는 사례는 전쟁 같은 조직적 폭력이 인간 본성이라는 주장에 대표적인 근거로 제시된다.

이와 관련해 두 가지 가설이 있다. 하나는 사람들이 먹이를 준 것이 침팬지 사이의 경쟁을 부추겨 폭력적 행동으로 이어졌다는 가설이고, 다른 하나는 조직적인 폭력을 통해 먹이나 짝을 더 잘 확보할 수 있었기 때문에 이러한 행동이 자연 선택을 통해 진화했을 거라는 적응적(adaptive) 가설이다. 현재로서는 후자가 더 많은 실증적 지지를 받고 있다.[1]

침팬지가 집단 공격성을 보인다는 사실, 그리고 이에 대한 적응적 가설이 인간의 공격성을 정당화하는 것은 아니다. 그 이유를 후술하기에 앞서 한 가지 흥미로운 사실을 짚고 가자. 보노보는 인간에 대한 진화적 설명에 침팬지만큼 등장하지 않는다는 점이다. 침팬지와 보노보는 사람과 계통적으로 가장 가까운 현생 동물로, 사람에서 똑같은 계통적 거리만큼 떨어져 있다. 침팬지, 보노보가 속한 침팬지(*Pan*) 속과 인간이 속한 호모(*Homo*) 속은 600만~700만 년 전 공통 조상에서 갈라져 나온 것으로 추정되기 때문이다. 비유하자면 조부모를 공유한 두 사촌인 셈이다. 최근 연구들[2]에 따르면 수컷들 간 공격적 행동의 빈도는 보노보와 침팬지 모두 비슷하거나 보노보가 더 높다. 하지만 직접적인 공격성은 덜하며, 특히 영아 살해를 비롯해 상대를 죽음에 이르게 하는 치명적인 공격성은 관찰된 바가 없다. 오히려 침팬지와 반대로 암컷이 수컷보다 서열이 높고 다른 개체에 대한 포용도가 높은데, 이는 암컷끼리 다양한 성적 행동을 통해 강한 연대를 맺는 경향과 관계있다고 여겨진다. (127쪽 사진 참조)

우리와 계통적으로 가까운 동물을 이해함으로써 그들과 우리의 공통 조상이 어떤 모습이었을지 짐작해 보는 비교 방법은 진화적 설명의 주된 방식이다. 여러분 곁에 앉은 사촌을 보면서 돌아가신 조부모의 모습을 복원한다고 상상해 보라. 이 작업이 어려운 이유는 어떤 '사촌'을 준거로 삼는지에 따라 조부모의 모습, 나아가 그 후손인 '나'에 대한 이해까지 달라진다는 데 있다. 사람과 계통적으로 가장 가까운 유인원을 비교의 준거로 삼는다면 보노보도 함께 고려해야 함에도, 현재 인간 본성의 서사는 '암컷 주도의 동성애적 행동이 흔한' 보노보보다는 '수컷 주도의 폭력적 행동이 두드러지는' 침팬지를 중심으로 씌어지고 있다. 그 점에서 인간 본성의 서사를 쓰는 일은 누가 무엇을 믿고 싶은지에 따라 증거를 맞추는 확증 편향의 위험을 늘 안고 있다.

자연은 침팬지와 보노보 둘 다 품은 다중의 텍스트이며, 두 유인원에 대한 인간의 이해는 20세기 후반에 이르러서야 겨우 확립되기 시작했다. 이 점에서 자연은 크고 복잡하며, 끊임없이 새롭게 읽히는 움직이는 텍스트다. 그렇기에 자연 어딘가를 가

세 집단의 보노보가 콩고 민주 공화국의 루오(Luo) 과학 보호구에서 만난 모습. 사진 속 보노보 중 한 마리를 제외하고는 모두 암컷이었는데 서로를 공격하는 대신 성기를 비비며 화기애애한 시간을 보냈다.[3] 보노보는 침팬지와 함께 계통적으로 인간과 가장 가까운 현생 동물이다. 하지만 '인간 본성'에 대한 서사는 종종 침팬지의 생태만 참고하며, 특히 암컷 사이에서 광범위한 연대 행동이 관찰되는 보노보는 누락한다.

7장 이게 사람 본성이라는 말

리키며 "이게 인간 본성이야!"라고 말하고 싶다면, 화살을 쏘고 나서 과녁을 그리는 실수를 범하는 것은 아닌지 예의 주시할 일이다.

내 아이에서 우리의 아이들로

"폭력적인 침팬지와 평화를 추구하는 보노보"[4]가 공히 우리의 친척임을 받아들이는 이상, 인간이 전쟁을 하게끔 혹은 하지 않게끔 진화했다는 주장은 설득력이 없다. 오히려 정치적, 경제적 동역학과 사회와 역사가 복잡하게 얽혀 구성되는 문화적 특징 등, '지금 여기서' 벌어지는 특정 현상의 구체적인 맥락을 고려해야 한다.

진화적 설명과 종종 혼동되는 생물학적 설명도 마찬가지다. 화학, 물리학과 함께 자연 현상을 설명하는 원리 가운데 하나인 생물학은 특히 생명체의 기능을 다룬다. 생물학은 유전적, 생리적, 신경적, 그리고 우리 몸의 생김새를 결정하는 형태적 특징과 나아가 이들이 환경과 상호 반응하는 생태적 특징까지 포함한다. 진화적 설명은 생명체의 기능이 어떻게 지금의 모습에 이르렀는지를 다룬다. 진화 없이 생물학을 이해할 수 없다는 테오도시우스 도브잔스키(Theodosius Dobzhansky, 1900~1975년)의 유명한 문구는 여기서 나왔다.

우리는 생명체이며, 우리 행동 중에 생물학이 관여하지 않는 기능은 없다. 정확히 마찬가지로 화학과 물리학이 관여하지 않는 인간 행동 또한 없다. 그 점에서 인간 행동의 작동 원리에 대한 설명으로서 생물학은 '필요하지만(necessary), 충분하지(sufficient) 않은' 설명이다. 전쟁처럼 특별히 복잡한 현상에 대해서는 더욱 그렇다. 이 경우 자연의 작동 원리만으로 원인을 규명하려는 시도는 그 자체로 비극이 될 수 있다. 작가 김훈은 세월호 참사를 두고 이렇게 말했다.

> 세월호는 화물을 너무 많이 실었고, 선체를 불법으로 증축했고, 배의 균형을 유지시켜 주는 평형수를 빼냈고, 갑판 위의 화물을 단단히 묶어 놓지 않았기 때문에 배가 흔들릴 때 복원력을 상실하고 한쪽으로 쏠려서 침몰한 것이라고 검찰은 수사 결과를 밝혔다. 검찰은 이 부분을 아주 자세히 설명했다.
>
> 검찰의 말은, 한마디로, 세월호는 물리 법칙을 위반했기 때문에 침몰했다는 것인데, 지구 중력의 자장 안에서 물리 법칙을 위반하고서 살아남을 수 있는 것은 없다. 세월호는 가라앉을 만해서 가라앉았다는 것이다.

......

이것이 침몰의 원인인가. 이것은 원인이라기보다는 침몰 그 자체다. 이것이 침몰의 원인이라고 말하는 것은 배가 뒤집히니까 가라앉았다는 말과 같다. 이것은 동어 반복이다.

......

비를 맞으니까 옷이 젖었고, 밥을 굶었더니 배가 고프다는 말과 같은 말이다. 세월호는 왜 기울었고 왜 뒤집혔는가.[5]

배가 기우는 물리학적 원리가 세월호 참사의 원인이 될 수 없듯, 공격성의 진화는 전쟁이 왜 일어났는지 설명하지 않는다. 전쟁을 일으키는 인간 본성은 보노보의 모습일 수도, 침팬지의 모습일 수도 있기 때문이다. 아이들을 사랑한다는 이유로 전쟁을 하지 않을 수도, 또 전쟁을 할 수도 있기 때문이다. 진화적 설명뿐만 아니라 생리학적 설명도 전쟁의 원인을 말해 주지 않는다. 공격성을 유발하는 생리적 기전은 우리 모두가 지니고 있지만, 언제, 어디, 누구에게서 왜 그 기전이 폭발적으로 드러나는지가 다르다. 이러한 유발 요인들을 이해해야만 공격성의 집단적이고 극단적인 결과인 전쟁의 원인에 가 닿을 수 있다. 그 어떤 참사도 전쟁도, 일어날 만해서 일어나는 게 아니다.

생물학적 설명은 행동에 대한 현상적 명제이지, 예컨대 내가 누구에게 사랑을 느끼는 게 옳은지 그른지 말해 주지 않는다. 규범적 명제가 아니다. 누가 누구를 사랑하든, 그 감정의 경험은 대체로 같은 신경 생리적 기전을 통해 이루어진다. 마치 어떤 바이러스에 감염되든 우리 몸은 발열, 오한, 기침 등 몇몇 기본적인 감염 증상을 보이는 것처럼 말이다. 아무리 SARS-CoV-2 바이러스가 신종이고 코로나19 감염증이라는 질병이 새롭더라도, 우리 몸이 코로나19 감염증을 앓는 방식은 감기의 그것이 변주된 것이다. 마찬가지로 동성의 파트너를 사랑할 때 일어나는 생물학적 현상은 이성의 파트너를 사랑할 때와 다를 바 없다. 동성애가 이성애와 얼마나 다른지, 나아가 어느 것이 옳은지를 생물학은 말해 주지 않는다.

우리가 생물학적으로 다르지 않다는 스팅의 노랫말은 이 부분을 지적하는지도 모른다. 아이들은 바쁜 걸음을 가던 우리를 잠시 멈춰 세우고, 굳어 있던 우리 얼굴을 조금은 느슨하게, 입꼬리는 살짝 올라가게, 우리 마음을 잠시나마 너그럽게 만들어 주는 구석이 있다. 내가 낳은 자식을 키우는 과정에 관여하도록 진화한, 분명 생물학적 기전을 바탕으로 한 생리적 반응이라 하겠다. 하지만 그 기전은 워낙 강력해 내가 낳은 아이가 아니어도 — 심지어 아기 고양이나 판다여도! — 애착과 돌봄의 호르몬 옥시토신(oxytocin)을 뿜어내기에 충분하다. 사진 속 음식을 보기만 해도 식욕이 돋는 것처럼 말이다.

아이에 대한 사랑은, 사람처럼 아이가 성체로 자라기까지 오랜 시간과 노력이 필요해 엄마만으로는 부족한 종에서 각별한 의미가 있다. 엄마만이 아이에게 사랑을 느낀다면 혹시라도 엄마가 사고로 죽어 홀로 남겨진 아이는 살아남기 어려울 것이다. 실제로 사람이 아닌 많은 영장류에서 어미의 죽음은 곧 새끼의 죽음으로 이어지곤 한다. 홀로 남겨진 새끼를 거두어 젖을 먹이고 키우는 사례는 매우 드물다. 하지만 사람은 '내 아이'가 아닌 아이들에도 정을 느끼는 고도의 공감 능력이 진화했다. 이 공감 능력 덕분에 우리는 불특정 다수인 '우리 모두의' 아이들을 위해 노력하는 국제 기구를 만들고, 수많은 사회 복지 자원을 투자하며, 노래와 시를 만들어 어여삐 여기는, 동물 세계에서는 이례적인 행동을 하는 데 이르렀다.

그건 사람 본성이야

아이를 사랑하는 것이 사람의 본성인지 아닌지, 생물학적인지 아닌지, 그것이 정말로 중요한 문제일까? 정작 중요한 것은 '우리의 아이들'이라는 공동의 가치를 꿈꾸고 함께 지켜 나가기로 한 우리의 약속 아닐까. 마이클 잭슨(Michael Jackson, 1958~2009년)이 "우리는 하나이고, 우리는 곧 아이들이다."라고 노래했을 때처럼 말이다.

그런데도 우리는 여전히 사람 행동을 본성이라 설명하는 데 매력을 느낀다. 마이클 잭슨 이야기가 나온 김에 예를 하나 더 들어 보자. 마이클 잭슨이 1983년에 발표한 노래 「인간 본성(Human Nature)」은 감미로운 코러스로 유명하다. 바로 "왜, 왜"라고 묻는 후렴구다. 노래는 "왜, 왜 그는 나한테 그렇게 하는 거죠?"라고 묻는다. 이에 대한 답도 코러스와 함께 등장한다. "그게 사람의 본성이라고 말하세요." 많은 사람에게 사랑받는 이 노래에서 마이클 잭슨이 인간 본성이라 말하는 '그것'은 과연 무엇일까?

이 노래의 전신은 록 밴드 토토(Toto)의 일원 스티브 포카로(Steve Porcaro, 1957년~)가 만든 데모 테이프였다고 한다. 어느 날 6세 딸아이가 울면서 집에 와 남자 아이가 미끄럼틀에서 자기를 밀었다고 말하자, 딸을 위로하며 포카로는 이렇게 세 가지 대답을 했다고 한다.

"그 남자 애가 너를 좋아하나 보다. 사람은 이상할 때가 있지.

그건 사람의 본성이란다."

이 일화를 소재로 탄생한 곡이 「인간 본성」인 것이다. 즉 노래 가사 속의 "왜 그는 나한테 그렇게 하는 거죠?"라는 질문은 "아빠, 왜 그 남자애는 나를 미끄럼틀에서 민 거죠?"라는 6세 여자 아이의 질문이었고, 포카로가 든 세 가지 이유 중 하나가 유명한 후렴구로 이어진 것이다. "얘야, 그건 사람의 본성이란다."[6]

남자 아이가 여자 아이를 밀치는 게 정말 인간 본성인지, 애초부터 잘못된 이 질문은 여기서 묻지 않기로 하자. 오히려 왜 우리는 본성에 기댄 설명에 끌리고, 심지어 아름다운 선율에 실어 노래로까지 부르게 되는지 묻기로 하자. 더 정확히, 왜 우리는 특정 문제 — 가령 남성의 공격성 — 에 대해 유독 '본성'에 기대어 설명을 시도하는지 말이다. 가령 포카로의 자녀가 남자 아이였고, 놀이터에서 아이를 밀친 게 여자 아이였다면 어땠을까? 포카로는 여전히 "그건 사람의 본성이란다."라고 말하고, 마이클 잭슨의 노래로 만들어져 지금처럼 사랑받을 수 있었을까?

본성인가 아닌가: 잘못된 딜레마

전쟁은 우리가 인간 본성이라 여기는 것들을 고스란히 드러낸다. 남자는 전쟁터로 향하고 여자는 아이를 데리고 피난길에 오른다. 두 성별이 싸움(혹은 사냥)과 양육을 중심으로 노동을 분담하도록 진화했다는, 한 번쯤은 들어보았던 말이 정당화되는 듯하다. 공격성과 폭력성이 인간 본성이자 심지어는 때때로 '충족'되어야 한다는, 실제로 일부 동물 행동학자들이 세계 대전에 대해 내놓았던 설명이 다시금 생각나기도 한다.

모든 것이 마치 '그럴 수밖에 없어' 벌어진 일처럼 보이는 것은 전쟁의 참상이 주는 희망 고문일 터이다. 삶이 막막할 때 '이게 다 당신의 운명'이라는 점괘가 위안을 주기도 하는 것처럼 말이다. 하지만 이러한 설명은 삶이 정말 막막한 이유, 즉 전쟁이 일어나는 구체적인 정황으로부터 주의를 돌리게 한다. 전쟁을 일으켜 이득을 보는 극소수의 집단은 바로 이 착시 효과를 노릴 것이다. 삶을 살고 죽는 문제로 단순화하고, 현실을 아군과 적군의 대치로 판가름함으로써 당장에 '확실한' 행동을 제시하는 것이다. 싸워라, 죽여라!

인간 본성의 서사도 비슷하게 작동한다. '자연'과 '자연 아닌 것' 사이의 대치 구도를 상정하고, '자연'에 가까운 어디쯤에서 인간 행동의 원형(prototype)이 발견된다고 가정한다. 우리 행동은 그 원형에 충실할 것으로 기대한다. 그렇지 않으면 — 즉 부자연스러우면 — 적대시된다. 싸우지 않는 남자, 아이를 키우지 않는 여자, 동성을 사랑하는 사람, 그리고 성전환 수술을 한 사람이 그러하리라. 본성에 충실한 결과 벌어진 전쟁은 더 이상 놀라울 일이 아니다.

이 모두가 '자연'과 '자연 아닌 것'이 객관적으로 존재한다는 환상에 기반한다.[7] 아군과 적군이 분명하게 나뉜다는 생각처럼 말이다. 하지만 상대방에 따라 내가 아군이기도 적군이기도 하듯, 자연스러운 것과 그렇지 않은 것의 구별은 자연의 어디에서 '인간 본성'의 단서를 구하는지에 달려 있다. 그 선택은 오롯이 우리의 몫이다.

서로를 적이라 부르는 군인이 각자 사랑하는 아이의 사진을 상대방의 얼굴에 내미는 순간을 상상해 보라. 아군과 적군의 극명한 대치가 착시였음이 드러나는 그 순간, 총부리에서는 꽃이 피어난다. 이 순간을, 그리고 이 순간에 대한 갈망을 우리는 평화라 부를 뿐, 그것이 인간 본성인지 아닌지 따지지 않는다. 총 끝에서 꽃이 피어나는 게 자연스러운지 묻지 않듯이.

3부
사회에 대한 믿음

8장

짐승이라는 말
박쥐들이 가져다준 교훈

짐승.

『표준 국어 대사전』이 내놓는 첫 번째 정의는 이렇다.[1] "몸에 털이 나고 발이 4개인 동물." 사람도 몸에 털이 나고 사지가 있으니 짐승일까? 짐승의 두 번째 정의는 아니라 말한다. "사람이 아닌 동물을 이르는 말." 그러나 짐승은 원래 '살아 있는 모든 것'을 뜻하는 불교 용어 중생(衆生)에서 기원했다고 추정된다. 여기서 떨어져 나온 우리말 짐승은 사람을 제외한 동물을 가리키는 것으로 그 의미가 축소되었다. 마찬가지로 우리는 '동물'이라는 단어를 쓸 때 보통은 사람을 포함시키지 않는다.

우리 자신 동물임에도, 한때는 모든 동물을 모아 중생이라 불렀음에도, 굳이 짐승이라는 말을 따로 떼어 낸 까닭은 무엇일까? (지금도 불교에서는 '중생'에 속한 것은 먹지 않음으로써 원래 뜻을 유지한다.) 짐승이라는 단어를 둠으로써 강조하려는 사람됨이 무엇이기에? "짐승 같다." 심지어 "짐승만도 못하다."라는 관용구는 다른 생명체보다 우월한 사람됨을 전제로 한다.

우리는 통제가 되지 않는 상태를 "짐승 같다."라고 말함으로써 이성적 존재로서 인간의 고유하고 또 우월한 위치를 확인한다. 너무 멋있어서 "짐승 같다."라고 하든, 너무 끔찍해서 "짐승 같다."라고 하든, 통제가 되지 않는다는 섬에서 평가 절하의 대상이 된다.

짐승으로부터 온 병

코로나19의 범유행이 선언되며 빠르게 감염이 확산할 무렵, 즐겨 듣던 노래 제목은 공교롭게도 「박쥐들 우리는」이었다.[2] 공교로웠던 까닭은 물론, 코로나19 범유행을 일으킨 바이러스 SARS-CoV-2가 다름 아닌 야생 짐승 — 박쥐 — 에서 유래했기 때문이다.

"어쩌면 너와 난, 모래와 먼지들 자그마한 우연. 끝을 알 수 없는 밤을 헤맸지. 그렇게 마주쳤네……."

흘러가는 가사 속에서 노래는, 어디로 향하는지 모르지만 서로를 믿으며 발걸음을 딛는 우리를 밤하늘의 박쥐에 비유했다.

코로나19의 현실 속에서 우리는 박쥐에 비유된 것만이 아니라, 실제로 박쥐와 연결되어 있었다. 사람이 아닌 동물에서 유래한 바이러스 등의 병원체가 병을 일으키는 인수(人獸) 공통 감염(zoonosis)을 통해서 말이다.[3] 사람에 감염되는 병원체는 대부분 동물에서 유래했으며 흑사병, 광견병, 말라리아, 에이즈, 에볼라, 조류 인플루엔자 등이 이에 속한다. 코로나19는 지난 20~30년 동안 빠른 속도로 인수 공통 감염 사례가 증가하는 경향 속에서 일어났다.

인수 공통 감염은 사람도 동물이라는, 너무 당연해서 잊기 쉬운 사실을 다시금 일깨운다. 37억~38억 년 전 처음으로 세포 생명이 등장하고 생명의 가지가 무성히 뻗어 나가는 동안, 지구상 모든 생물 종은 멀든 가깝든 서로 연결되어 왔다. 좀 더 최근에 공통 조상, 즉 나무로 치면 잔가지에서 갈라져 나온 종일수록 계통적으로 가까우며, 특정 바이러스가 기생할 수 있는 체내 환경도 비슷하다. 포유류 안에서, 더 넓게는 온혈 동물 안에서 공통된 병원체를 주고받는 일이 더 잦은 이유다. '동물에서 사람으로' 병원체가 옮아오는 게 아니라, '가까운 동물들 사이에서' 병원체를 주고받는다는 표현이 더 정확하겠다. 실제로 사람에게서 기원한 바이러스가 다른 동물로 옮아 가 병을 일으키는 역(逆)인수 공통 감염(reverse zoonosis) 사례도 적지 않다. 우리는 주고받는 관계다.

하늘을 나는 대신

왜 하필 박쥐였을까? 길짐승과 날짐승 사이에 존재하는 박쥐의 독특한 생태적 적소와 깊은 관계가 있다. 생태적 적소는 어떤 종의 개체가 생태계에서 살아가기 위해 점유하는 물리적 환경뿐만 아니라 생태계에 수행하는 역할까지 포괄하는 개념이다. 박쥐는 생태적 적소가 매우 넓은 몇 안 되는 종 가운데 하나다. 꽃과 꿀에서 열매, 곤충과 작은 척추동물, 심지어 혈액에 이르기까지, 박쥐 종은 다양한 종류의 먹이에 걸쳐 분화되어 있고 지리적 분포도 넓은 편이다.

경계적 존재로서 박쥐는 오랫동안 상상력을 자극했다. 고대 그리스 이야기꾼 아이소포스(Αἴσωπος, 기원전 620?~564년. '이솝'이다.)는 박쥐를 늘 자기 좋은 대로 편을 택한 나머지 친구가 없어진 외톨이로 그렸다. 성별, 인종, 각종 성격 유형까지 범주별

소속을 확고히 하는 편이 좋다는 뜻일까? 아이소포스의 다른 이야기에서는 쥐를 먹겠다고 박쥐를 잡은 오소리에게 "나는 새예요!"라고 말해 목숨을 구하고, 새를 먹겠다고 박쥐를 잡은 오소리에게는 "나는 깃털이 없으니 새가 아니랍니다!"라고 말해 다시 한번 목숨을 구하는 박쥐가 등장한다. 자신도 노예였다가 탁월한 지성과 재치로 자유를 획득했고 일각에서는 신체 장애까지 있었다고도 전해지는 아이소포스에게 경계 위의 삶에서 지혜를 얻은, 즉 자기만의 '적소'를 차지한 박쥐는 각별한 존재였을지 모른다. 실제로 인류의 역사는 정체성이 모호한 존재를 불길하게 여기고 벌하는 동시에, 인간을 능가하는 배트맨, 흡혈귀 같은 매력적인 경계적 캐릭터를 끊임없이 만들어 내 온 역사였다. 아이소포스의 박쥐 이야기가 2,500년이 넘는 세월 동안 구전된 동력이 여기에 있을 것이다.

박쥐가 사람과 함께 유일하게 하늘을 나는 포유류라는 사실은 곱씹어 볼 만하다. 제힘으로 날지 못하고 화석 연료를 태워야만 날 수 있는 사람과 달리, 박쥐는 스스로 근육을 움직여 하늘을 나는 날갯짓 비행(flapping flight)이 가능하다. 덕분에 박쥐는 씨앗을 퍼뜨리고 꽃가루받이를 하며 질소와 인이 풍부한 대변으로 양질의 비료와 다른 동물의 먹이를 제공하는 등 생태계에서 고유하고 중요한 적소를 차지하게 되었다.

박쥐가 각종 바이러스를 보유한 숙주가 된 것 또한 비행 능력과 연관되어 있다. 날갯짓 비행은 많은 양의 에너지를 사용하기 때문에 신진 대사가 항진된다. 그 결과 각종 병원체에 취약해질 수 있는데, 이에 박쥐는 면역 반응을 낮추는 방향으로 적응했다. 그러다 보니 다양한 바이러스가 병을 일으키지 않으면서도 박쥐 몸에 저장될 수 있게 되었다. 비행 시에는 체온도 다른 포유류보다 높은 섭씨 40도 이상이 되기 때문에, 여기에 적응한 바이러스는 사람의 체온에서 더 막강해진다. 게다가 박쥐는 사람처럼 사회적이고 서로 다른 종끼리도 수천, 수만 마리씩 같은 동굴에서 함께 살아 바이러스가 전이, 교합되어 진화하는 속도가 빠르다. 이렇게 축적된 다양한 바이러스를 날아다니며 더 널리 퍼뜨리니, 인수 공통 감염의 세계에서 박쥐의 오명은 하늘을 덮을 수 있었던 것이다.

화석 연료를 태우지 않으면 날 수 없는 사람도 하늘을 나는 대가를 톡톡히 치르고 있다. 전 지구를 뒤덮은 현대의 항공망은 병원체를 더 넓은 지역으로 더 빨리 퍼뜨리는 핵심 기전이다. 또한 교통 수단 중에서 탄소 배출량이 가장 많아 기후 위기를 악화시킨다. 기후 위기로 인한 지구 평균 기온의 상승은 바이러스가 퍼질 수 있는 잠재 지역을 점점 넓힘으로써 결국 인수 공통 감염 사례가 늘어나는 주된 원인으로 작동한다. 도시화, 농장 개발, 벌목, 기후 상승으로 더 잦아진 산불과 산림 생태계 변화 등으로 인해 산림이 파괴되는 현상은 인수 공통 감염이 느는 또 다른 원인이다. 서식지를 잃은 야생 동물과 사람의 접점이 늘면서 서로서로 새로운 병원균을 주고받을 확률도 그만큼 높아지는 것은 당연하다. 그리고 그 원인은 분명히 사람의 활동에 있다.

나 아닌 다른 누군가

그렇다면 코로나19 범유행 사태를 두고 "박쥐 때문."이라고 말하는 것은 정확한 표현이 아니다. 안 좋은 일의 원인을 '나 아닌' 데서 찾으려는 심리적 편향은 이미 잘 알려져 있다. 이 글에서는 독자에게 익숙한 "코로나19 감염증"이라는 표현을 사용하지만, WHO가 발표한 공식 명칭은 코비드19(COVID-19)인 것도 이름에 따른 사회적 편견이 발생할 위험을 줄이기 위한 노력이다. 라틴 어로 왕관을 뜻하는 코로나는, 바이러스 외부에 돌출된 분자들 때문에 밑에서 보면 꼭 왕관처럼 보인다고 해서 1960년대에 처음 바이러스 이름에 사용되었다. 그러나 2000년대 이후 사스(SARS), 메르스(MERS)처럼 코로나바이러스 계열 병원체의 국제 감염 사례가 늘었고,[4] 상품이나 사람 이름 등 바이러스와 무관한 맥락에서 '코로나'라는 단어가 사용될 때 질병을 연상시키는 피해를 최소화해야 한다는 취지로 '코로나'를 질병 이름에 직접 언급하지 않은 것이다.

사태의 원인을 자신이 아닌 곳에서 찾는 이 심리는 코로나19를 '바이러스와의 전쟁'으로 묘사하거나 SARS-CoV-2를 굳이 '중국인 바이러스'라고 부르는 데서도 나타난다. 하지만 코로나19 범유행 사태만큼 이런 사고 방식을 초라하게 만드는 경우가 또 있을까?

누구나 한 번쯤 생각해 보았을 "이건 중국 때문이야."를 실천해 보자. 대부분의 중국인은 "난 우한(武漢) 사람 아니야!"라며 선을 그을 것이다. 정작 우한 사람들은 "난 그 수산물 시장이랑 상관없어."라며 발을 뺄 것이다. 수산물 시장 상인들도 억울하다. "이게 뭐 우리 잘못인가, 손님들이 찾으니까 그 동물을 갖다 판 거지······."

고기를 먹기 위해

'그 동물', 그러니까 코로나19를 일으키는 바이러스 SARS-CoV-2를 처음으로 사람에 옮긴 동물은 포유류였을 거라는 점

외에는 알려진 바가 없다. SARS-CoV-2가 박쥐에서 유래했을 것이라는 점에는 과학적 합의가 있으나, 중간 숙주가 누구였는지는 아직 불확실하다. 그러나 인수 감염 경로를 명확히 밝히더라도 더 큰 질문이 남는다. 코로나19 같은 인수 공통 감염 사례는 왜 늘어나고 있으며, 앞으로도 왜 더 늘어날 것으로 전망되는가?

얼마나 많이 퍼지느냐만이 관심사인 바이러스에게 사람만 한 숙주는 없다. 몸집이 큰 동물 중에서는 단연 개체수가 가장 많은데다, 21세기 말까지는 계속 늘어날 인구가 밀집해 살면서 비행기를 이용해 어떤 동물보다 빨리 지구를 누빈다. 쉼 없이 야생 서식지를 개발해 다른 동물에 잠자고 있던 바이러스를 사람-숙주라는 신세계로 데려오니, 혼자서는 움직일 도리 없는 바이러스에게 사람만큼 고마운 존재가 있을까?

여기에 공장식 축산은 결정적인 역할을 했다. 지난 수십 년 사이 사람은 인구만 늘어난 게 아니라, 1인당 육류 소비량도 늘어났다. 항생제와 각종 성장 촉진제 등을 맞은 동물을 좁은 공간에 몰아넣고 키움으로써 짧은 시간에 많은 육류를 생산하는 공장식 축산 덕분이다. 코로나19 범유행에서처럼 야생에서 기원한 바이러스가 사람으로 옮겨올 때 대부분 중간 숙주를 거치는데, 육류로 소비되는 동물, 특히 공장식으로 사육되는 가축은 최적의 숙주다. '고기 맛이 좋게끔' 집중 육종되다 보니 유전적 다양성이 낮은 데다, 좁고 비위생적인 공간에 갇혀 살아 집단 감염에 취약하기 때문이다. 높은 스트레스는 감염 위험을 더욱 키운다. 코로나19 범유행 기간에 육가공 공장은 주요 2차 감염지 중 하나였다. 저온 다습한 환경이 바이러스에게 최적일 뿐만 아니라, 많은 노동자가 불안정한 고용 조건에서 일하는 외국인이어서 증상이 있어도 제대로 치료받지 못했기 때문이다.

영화 「컨테이젼(Contagion)」의 모티브가 된, 1998~1999년 말레이시아 니파(Nipah) 마을에서 일어난 바이러스 사태는 공장식 돼지 사육이 급증한 결과였다. 뇌가 부어오르면서 수일 내에 사망하는, 사람에서 매우 치명적인 이 바이러스는 최초 숙주가 박쥐였다. 이후 밝혀진 바에 따르면, 니파바이러스(Nipah virus, NiV)가 사람에게 퍼지기 전부터 박쥐에서 돼지로의 감염은 이미 어느 정도 발생된 상태였다. 돼지 사육 시설을 늘리기 위해 숲을 개간하면서 서식지가 줄어든 박쥐들이 돼지와 접촉하는 빈도가 늘어났던 것이다. 공장식 사육이 본격화되자 단위 면적당 돼지 수가 늘고, 가축 공장은 순식간에 바이러스 공장이 되어 이윽고 사람으로 바이러스가 옮아 간 것이다. 돼지 농장을 더 지을

바이러스 확산을 막기 위해 말레이시아의 니파 마을에서는 약 100만 마리의 돼지가 생매장 또는 도살되었고 니파 마을은 유령촌이 되었다. 이 비극의 원인은 어디에 있는가? 앞으로 점점 더 늘어날 인수 공통 감염을 통한 질병의 시대를 경고하는 작가 35명의 성명서 「절멸」에서 돼지로 빙의한 이슬아 작가는 이렇게 말했다. "내가 묻힌 땅. 내 피로 물든 강. 나를 스친 사람들. 나를 먹는 당신들. 모두 아프게 될 것이다. 내가 이렇게나, 아프기 때문이다. 나는 고통의 조각이기 때문이다."[5]

필요가 없었다면 니파 사태가 발생했을까? 저 가상의 우한 수산 시장 상인이 말하듯, '그 동물'을 먹겠다는 소비자가 없었다면, 아니 그보다 먼저, '그 동물'과 접촉한 박쥐가 살던 서식지가 애초에 파괴되지 않았더라면, 코로나19 사태는 일어났을까?

짐승과 나 사이

인간과 짐승의 경계에 대한 환상은 완고하다. 인수 공통 감염을 대하는 방식에서는 더욱 그렇다. 미지의 야생 동물에서 병원균이 옮아 왔다는 사실은, 그 원인이 '인간이 아닌' 어딘가 멀리 있는 것처럼 느끼게 한다. 여기가 아닌 저기에서, 사람이 아닌 짐승으로부터, 내가 아닌 그들의 (미개한) 행동 때문에 그야말로 난데없는 일이 일어났다고. '그들'에게서 온 바이러스를 죽이는 백신이 개발되면 우리는 다시 일상으로 돌아갈 것이라고 믿고 싶은 것이다. 그렇게 니파바이러스 사태는 돼지 100만 마리를 살처분하고, 돼지를 사육하던 수많은 주민이 집과 일터를 잃고, 니파 마을이 유령촌이 되는 것으로 일단락된 듯했다. 짐승의 영역에서 찾아온 통제 불능의 상황을 병원균을 보유한 돼지를 없앰으로써 — 구덩이로 밀쳐 버림으로써 — 해결하고, 이로써 인간과 짐승의 경계는 지켜졌다.

그러나 이 경계에 대한 완고한 환상이야말로 인수 공통 감염 사례가 늘어나는 근본 원인이다. 사람이 끝내 짐승이 아니라는, 그래서 말 없는 자연 위에 군림할 수 있다는 발상은 지속 불가능한 소비와 생산 패턴을 유지시키고 거기서 기인하는 불균형과 불평등을 정당화한다. 이 시스템 안에서 촘촘하게 조직된 일상은 우리를 시스템 자체에 둔감하게 만든다. 박쥐를 비롯한 야생 동식물의 서식지는 줄어들고, 박쥐와 숙주 사이에 접점은 늘어나며, 새로운 바이러스가 전파되고, 그 중간 숙주가 육류로 소비되고, 그리고 바이러스는 순식간에 전 세계로 퍼진다. 그런데 감염 위험이 주로 사회적 약자 집단에서 더 커지기까지, 차단과 단절이라는 키워드로 재편성된 우리 일상은 사태의 근본 원인에 점점 무감각해져 갔다. 짐승과 우리는 더욱더 먼 관계가 되었다. 그리고 맞이한 포스트 코로나(Post Corona)는 마치 언제 그랬냐는 듯 그 일상을 반복한다.

하지만 수년 전부터 많은 과학자가 경고했던 전 세계적 바이러스 유행이 2020년 우리를 덮친 것이 너무나 당연한 결과였듯, 또 다른 바이러스 유행은 가까운 미래에 반드시 찾아올 것이다. 인수 공통 감염의 위험을 부추기는 지금의 시스템 — 대규모 공장 사육, 서식지 파괴, 과도한 항공기 이용 — 은 기후 위기에도 기여하며, 기후 위기와 함께 더욱 악화되는 관계에 있기도 하다. 물론 전문가들이 지적했듯이 코로나19 범유행을 기후 위기를 해결할 계기로 삼아서는 안 되며, 실제로 그런 역할을 할 수도 없다. 코로나19 사태 동안 탄소 배출량은 잠시 줄어드는 듯 보였지만, 침체된 경제를 부흥하기 위해 각종 환경 규제가 완화되고 대체 연료 개발에 대한 투자가 줄어들었다.

박쥐들, 우리

언제든지 다시 찾아올 수 있는 인수 감염 사태를 준비하는 포스트 코로나의 서사는 무엇일까? 코로나19는 집단 위기에 대응하는 인간 행동의 잠재력 또한 보여 주었다. 아픈 개체가 있을 때 물리적 거리를 두면서도 도움은 주는 행동은 여러 동물에서 관찰되어 왔다. 사람 또한 초사회성(supersocial) 동물 중 하나로, 나 자신의 감염을 막기 위해서만이 아니라 타인의 감염을 막기 위해서도 불편을 감수하며, 때로는 나의 위험을 감수해서라도 누군가를 돕는다. 특히 사람은 집단 지성을 통해 공존을 추구한다. 인수 공통 감염의 기제를 연구하고 감염 예방과 질병 치료의 방법을 개발해 실시간으로 정보를 공유하는 힘, 자연을 통해 배우고 여기서 얻은 지식을 나누는 능력은 인간 진화사의 특별한 소산이다. 덕분에 사람은 박쥐와 함께 유일하게 하늘을 나는 포유류가 되었다.

그러나 그 능력이 자신의 한계를 극복하는 데 그치지 않고 생태계의 한계를 넘어설 때, 어떤 결말이 있을까? 박쥐, 미지의 중간 숙주, 우한의 상인, 그리고 인간 숙주들을 거쳐, 보이지 않지만 늘 곁에 존재하는 바이러스까지, 코로나19는 이들을 나에게서 분리시키는 '단절의 서사'로 기록되었다. 코로나19가 사회적 거리 두기와 고립, 그리고 병에 걸린 이들에 대한 차별로 점철되었다면, 이를 너와 나의 공존을 위한 최소한의 거리를 존중하고 배려하는 연습의 기회로 역이용하면 어떨까? 인수 공통 감염은 사람이 자연 생태계의 온전한 일부임을 담담히 드러낼 뿐이다. 내가 거부하고 혐오하는 수많은 '너', 혹은 '짐승'들과 같은 배에 탄 우리를 발견하는 '연결의 서사'만이, 코로나19를 온전히 극복하는 포스트 코로나의 서사가 아닐까?

「박쥐들 우리는」에서 노래하듯 "밤하늘 박쥐들처럼, 깊고 아픈 밤의 어둠 사이로 발걸음을 다시 내딛네……." 그렇게 코로나19의 시작과 끝에는 날짐승이기를 꿈꾼 길짐승, 박쥐들, 그리고 우리가 있다.

9장

(안) 낳는 것이 옳다는 말
문제는 저출생이 아니다

지난 몇 년간 우리는 매해 두 가지 '최초' 현상을 목도하고 있다. 하나는 세계 인구가 인류 역사상 가장 높은 수치에 도달했다는 사실, 다른 하나는 한국이 단일 국가로서는 가장 낮은 출산율을 기록했다는 사실이다. 예컨대 2024년에는 세계 인구가 81억 명에 도달했고, 한국의 합계 출산율은 0.75명에 이르렀다. 세계 인구는 그 어느 때보다도 많아졌고, 적어도 21세기가 끝날 때까지는 100억을 향해 더 늘어날 전망이다. 즉 당분간 세계 인구는 매해 신기록을 경신할 것이다. 동시에 한국은 그 어떤 국가보다도 빠르게 인구 감소 시대로 들어서고 있다. 한쪽은 '너무 많음'

을, 다른 쪽은 '너무 적음'을 향해 나아간다.

이 둘은 얼핏 모순되어 보이지만 실은 그렇지 않다. '인구(population)'를 일정한 시공간을 점유하는 개체들의 군집이라고 했을 때, 그 집단의 경계를 어디에 긋는지에 따라 다른 현상이 펼쳐질 뿐이다. '한국인'은 인구가 감소하고, '세계 시민'은 인구가 증가한다. 문제는 우리가 한국인이기도 하고 동시에 세계 시민이기도 하다는 점이다. 너무 많고 또 너무 적은 문제를 하나의 몸으로 동시에 사유해야 하는 어려움 앞에 우리는 서 있다.

너무 많고 너무 적은 문제 사이에서 한국 사회는 후자에만 집중하기로 한 듯하다. 저출생은 뉴스의 단골 소재이고 정부가 지난 20여 년에 걸쳐 저출생과 관련된 정책에 들인 예산은 수백조 원 가까이 된다.[1] 지구의 수용 능력(carrying capacity) 한계치를 시험하며 세계 인구가 계속 늘어났다는 사실은 좀처럼 함께 회자되지 않는다.

인간 심리의 편향이 엿보이는 대목이다. 무언가를 얻는 데서보다 잃는 데서 더 큰 감정을 경험하는 성향 말이다. 가령 10만 원을 길에서 주웠을 때 기쁨은 잠시지만, 같은 돈을 잃어버렸을 때 안타까움은 훨씬 크고 오래간다. 이러한 성향은 행복의 역설에서도 드러난다. 이미 가진 것보다는 갖지 못한 것, 잃어 가는 것에 더 마음이 쓰이는 편향성 때문에, 충분히 가지고도 불행해지는 경험을 우리 모두 잊을 만하면 한 번씩 하지 않는가.

마찬가지로 한반도에 역사상 가장 많은 약 7000만 인구(남북한 합쳐서)가 살아가는 지금, 이 땅에 사람이 더 늘지 않는 것을 걱정해야 한다면 우리는 일단 의심부터 해 봐야 하지 않을까? 정말로 무엇이 문제인지, 왜 문제인지부터 다시 물어야 하지 않을까?

다시 묻기 1: 너무 많은 인구?

앞서 언급한 수용 능력이라는 개념은 주어진 환경에서 가용한 자원의 양에 비추어 보았을 때 그 환경에서 살아갈 수 있는 최대 인구를 뜻한다. 즉 그 환경이 '수용할 수 있는' 최대 인구를 뜻한다. 그렇다면 지구에는, 몇 명까지 살 수 있을까? 세계 인구는 지구의 수용 능력을 넘어섰을까?

그 개념이 직관적이긴 하나, 수용 능력을 실제로 계산하기는 쉽지 않다. 환경은 고정되어 있지 않고, 잠재성을 어떻게 드러내는지에 따라 환경이 수용할 수 있는 인구도 달라지기 때문이다. 예컨대 비버는 숲의 나무들을 가공해서 정교한 댐을 만드는데, 숲 전체에 담긴 물의 양뿐만 아니라 물에 기대어 사는 각종 동식물 종의 분포에 영향을 미침으로써 해당 숲에서 살아갈 수 있는 비버의 수, 즉 비버 수용 능력 자체에도 영향을 미친다. 숲에서 살아가는 비버의 수에 따라 다른 동식물의 수용 능력도 달라질 것이고, 반대 경우도 마찬가지일 것이다. 생태계는 종 하나가 홀로 덩그러니 살아가는 시스템이 아니다.

마찬가지로 지구 생태계가 수용할 수 있는 사람의 수는 좀처럼 고정값으로 존재하지 않는다. 교과서에도 등장하는 토머스 맬서스(Thomas Malthus, 1766~1834년)의 인구 및 식량 증가 곡선을 떠올려 보자. 맬서스는 기하 급수적 인구 증가를 식량 증가가 따라잡지 못해 파국에 이른다고 내다보았다. 이 예측은 20세기에 와서 '인구 폭탄(population bomb)' 등 여러 종말론적 시나리오로 변주되었다. 그러나 맬서스의 염려는 (적어도 지금까지는) 현실로 이어지지 않은 듯하다. 비료의 대량 생산과 작물의 품종 개량으로 이루어진 농업 기술의 발달을 특징으로 하는 녹색 혁명(Green Revolution)을 통해 식량 생산량이 크게 늘어났고, 이에 따라 지구의 인간 수용 능력이 늘어났기 때문이다. 20세기 후반 반세기 동안 세계 인구가 2배 늘어나는 동안 곡물 생산량은 3배나 늘었다. 인구 증가와 함께 지구의 수용 능력이 커진 것이다.

이 점에서 인구 과잉이 식량 고갈을 불러오리라고 본 맬서스보다 인구 증가가 생산 기술 혁신을 견인함으로써 식량 자원을 늘린다고 본 덴마크 경제학자 에스터 보세럽(Ester Boserup, 1901~1999년)의 이론이 오늘날 더 지지받고 있다. 보세럽의 이론은 환경에 적응하는 인간의 주체성, 나아가 환경과 인간의 상호 관계에 방점을 둔다. 덕분에 우리는 인구 과잉을 다시 생각해 볼 기회를 얻는다. 지구에는 사람이 정말 '너무' 많은 것일까?

거꾸로 이렇게 물을 수도 있다. 지구 인구가 얼마나 되면 '너무' 많지 않은 것일까? 우리가 모두 산업화 이전 생산 체제로 돌아간다면 세계 인구가 100억 명이 되더라도 지구의 수용 능력을 넘지는 않을 것이다. 반면 전 세계 사람들이 한국 같은 고소득 국가처럼 자원을 소비한다면, 10억 명만으로도 수용 능력의 한계에 금방 도달할 것이다. 세계 탄소 배출량의 약 90퍼센트가 부유한 나라들에서 나온다는 사실을 잊지 말자.

즉 문제는 인구 자체가 아니라, 우리가 자원을 생산하고 소비하는 방식과 거기에 깃든 불평등의 구조다. 지속 가능한 에너지로의 구조적인 전환이 이루어지지 않으면, 그리고 그 과정에서 저소득 국가들의 발달이 함께 도모되지 않는다면, 세계 인구가 절반으로 줄어든다고 해도 '인구 폭발' 시나리오보다 암울한 디스토피아가 찾아올지도 모른다. 문제는 '너무 많은 인구'가 아니다.

'너무 많은 인구'를 탓할 것이 아니라

맬서스의 이론을 보기 좋게 따돌린 녹색 혁명의 예는 인구라는 고정된 값 대신 사람이 환경에 적응하는 동역학에 주목할 것을 권한다. 적응하는 방식에 따라서는 적응의 주체인 인간에게 피해가 돌아올 수도 있는 역설까지도 말이다. 예컨대 화학 비료, 살충제의 무분별한 사용으로 토양이 회복력을 잃고, 품종의 상업화로 생물 다양성이 훼손되며, 농업 및 식품업의 성장에서 생산자와 토지 원주민의 권리가 소외되는 구조는 녹색 혁명의 분명한 한계다. 이러한 한계를 극복할 새로운 적응법을 찾는 대신 '너무 많은 인구'만 탓하는 것은 무용하다. 인구는 누구의 관점에서 보느냐에 따라 너무 많을 수도 있고, 너무 적을 수도 있기 때문이다.

기후 위기는 사람이 따라잡기 어려운 속도로 환경을 바꾸어 나가고 있다.[2] 1970년대 도입된 이래 한국의 주요 감자 품종으로 재배되어 왔던 수미가 최근 잦아진 이상 고온과 집중 호우에 적응하지 못해 수확량이 줄어들고 퇴화한 것이 한 예다.[3] 새로운 품종과 생태적인 재배 방식이 개발되는 속도가 이상 기온으로 환경이 변화하는 속도를 따라잡지 못하면 결국 감자 수요를 맞출 수 없게 될 것이다. 여기서 다시 한번, 기후 위기의 원인을 '너무 많은 인구'에서 찾지 않도록 주의하자. 20세기에 걸쳐 빠르게 성장한 인구는, 무한히 생산과 소비를 늘려야만 유지되는 자본주의 시스템에서 탄소량 배출을 증폭시킨 변수였을 뿐이다.

다시 말해, 인구 증가는 기후 위기가 발생한 조건 가운데 하나지 기후 위기의 원인이 아니다. 원인은 '너무 많은 인구'가 아니라 경제 성장이 이루어진 방식에 있다. 기후 위기는 사람이 너무 많아서가 아니라 자원 분배에서 상호 공존의 가치가 무시되고 생물 다양성이 우선시되지 않은 데서 생겨난 결과다.

'너무 많다.'라는 말에 숨은 우생학적 동기

2022년 미국 뉴욕 주 버팔로의 어느 가게에서 총기를 난사해 10명의 흑인을 죽인 범인은 범행 전 이렇게 '선언'했다고 한다. "침입자들과 과잉 인구(overpopulation)를 죽임으로써 환경을 살리고자 한다."[4] 지속 가능성을 고민하는 것과 '인구 폭발'에 대한 두려움은 분명히 구별되어야 한다. 그리고 후자는 부단히 경계해야 한다. 문제는 '너무 많은 인구'가 아닐뿐더러, 인구 과잉에 대한 걱정은 저 총기 범죄자의 말에 드러나 있듯 우생학적 발상으로 이어질 위험이 있기 때문이다.

우생학(eugenics)은 일부 집단만 선택적으로 죽이거나 아이를 못 낳게 함으로써 인류 종을 '개선'할 수 있다는 사이비 과학으로, 산업 혁명 당시 빠르게 증가하는 인구에 대한 염려 속에서 등장했다. 예컨대 19세기 영국 정부의 아일랜드 대기근 전담 공무원이었던 찰스 트레벨리언(Charles Trevelyan, 1807~1886년)은 아일랜드 대기근이 "잉여 인구를 효과적으로 줄이기 위한" 신의 결정이었다고 보고했다고 한다.[5] 기근과 전쟁, 자연 재해 같은 재난을 인구를 조절하는 핵심적인 기전으로 본 토머스 맬서스의 이론에 기댄 주장이다. 그는 이어서 "우리가 맞서야 하는 진짜 악은 기근이라는 물리적 악이 아니라, 이기적이고 다루기 어려운 (아일랜드) 사람들의 성격이다."라고 말했다고 전해진다. 인구가 너무 많으니 '바람직한' 성질을 지닌 일부만 남기는 것이 당연하다는 우생학의 논리는 특정 인종 집단, 장애인이나 빈곤층 등 사회 약자에 대한 억압을 정당화하며 현대사의 가장 어두운 장면들을 만들어 냈다.

'너무 많은' 그들은 정말 다수인가? 유태인은 언제나 사회 내 소수였고, 최근 여러 사회의 극우 성향 정당들은 '이민자들이 너무 많다.'라며 이민자에 대한 두려움과 혐오를 기반으로 지지 세력을 확보하지만 정작 이민자들은 언제나 수적으로 열세다. 물론 이러한 팩트 체크는 우생학 주장을 펴는 사람들에게 중요하지 않다. '우리' 보다 중요하지 않고 열등한 '잉여'의 존재로서 '그들'이 정의되는 이상, '너무 많은' 그들을 몰아내자는 주장은 성립되기 때문이다.

우생학은 홀로코스트가 남긴 깊은 상처와 함께 금기가 되었지만, 그 근간을 이루는 발상은 우리 안에 늘 도사린다. 사회의 '잉여'인 '그들'을 이야기하기 시작할 때, 다음 세대로 전달되는 유전자의 '자격'을 논하는 완벽함과 우월함의 착각에 빠져들 때, 우생학은 언제든 다시 고개 들 준비가 되어 있다.[6] 저출생을 대하는 태도에서도 종종 드러나듯이 말이다.

가령 1980년대 싱가포르에서는 대학 졸업자의 출산은 장려하고 대학에 다니지 않은 사람들에게는 불임 시술을 지원하는 인구 정책이 있었다. 싱가포르 정부가 지키고자 한 '우리 싱가포르 사람'이 누구였는지 엿보인다. 일론 머스크(Elon Musk, 1971년~)가 저출생을 "기후 위기보다 더 큰 위기"로 꼽고 몇 년째 "인구 감소(depopulation)"를 논제로 삼는 저의[7]도 비슷한 각도에서 따져볼 수 있다. 세계 인구가 계속해서 늘어남에도 머스크가 굳이 저출생을 인류 최대의 위협으로 거론하는 이유는 무엇일까? 자

9장 (안) 낳는 것이 옳다는 말

신이 속한 집단, 가령 백인 부유층, 그리고 그가 종종 "똑똑한 사람들"[8]이라 부르는 이들이 수적으로 줄어들어 그들이 장악한 헤게모니가 위축될까 두려운 게 아닐까? 머스크의 인구 감소에서 '인구'는 분명 전 세계 인류를 의미하지 않는 듯하다.

기득권층의 저출생을 걱정하는 일론 머스크는 선별 사육(selective breeding) 개념을 염두에 두고 있을 것이다. 선별 사육은 특정 형질을 증진하기 위해 해당 형질을 지닌 개체들끼리 선별적으로 짝짓기를 하게 하는 것으로, 가축이나 식물 종자를 개발하는 생명 공학적인 방법이다. 선별 사육을 사람에 적용할 수 있다는 믿음은 나치 같은 극단적인 집단에서만 공유하는 이데올로기가 아니었다.

프랭클린 루스벨트(Franklin Roosevelt, 1881~1945년) 대통령이나 윈스턴 처칠(Winston Churchill, 1874~1965년) 수상 같은 정치인도 특정 집단의 사람들이 아이를 낳지 못하게 하는 정책에 적극적이었던 것으로 잘 알려져 있다. 루스벨트 대통령은 선별 사육을 사람에 적용할 것을 권하면서 "바람직한 유형의 좋은 시민"은 자손을 남길 의무가 있다고 강조했다. 반대로 "바람직하지 않은 시민의 영속"은 허용되어서는 안 된다고도 말했다.[9]

이들의 바람과 달리 선별 사육을 사람에게 적용할 수는 없다. 선별 사육은 특정 질병, 해충에 저항성이 강하거나 근육량이 많은 등 매우 구체적인 형질을 겨냥한다. 소를 먹을거리로만, 개를 볼거리로만 여길 때 적용 가능한 접근법이다. 소, 개, 하물며 어떤 생명이든 누군가의 소용 가치로서만 그 존재를 규정하는 것은 윤리적으로 끝내 받아들이기 어려운 발상이다.

그뿐만 아니라, 사람은 세대 간 길이가 길어서 어떤 형질을 일관되게 증진시키기도 어렵다. 게다가 형질 대부분이 유전적 기전을 공유하기 때문에, 하나의 형질을 선별적으로 증진시키면 다른 형질은 오히려 감퇴할 수 있다. 몸집이 작도록 품종 개량된 개가 무릎뼈(슬개골) 탈구나 심장병이 잦고, 머리가 지나치게 크고 엉덩이가 작도록 개량된 불도그는 제왕 절개 수술을 통하지 않고는 새끼를 낳기 어려운 것이 그 예다. 좋은 형질만 골라 레고 조각을 붙이듯 종을 만들어 낸다는 발상은 과학적으로도 순진한 것이다.

무엇보다도, '좋은' 형질이란 누구의 관점에서 좋은 것인가? 자연에는 그 자체로 좋고 나쁜 형질이란 없다. 그런 의미에서 선별 사육이 '자연스럽다.'라며, 특정 형질을 지닌 사람들이 아이를 더 낳는 것이 '옳다.'라는 주장은 오류다. 물론 특정 집단의 선별적인 번식을 도모함으로써 인류의 개선을 꿈꾼 결과가 어떤

지 우리는 역사를 통해 이미 알고 있다.

다시 묻기 2: 너무 적은 인구?

인구를 오직 숫자의 문제로만 바라보면, 현재의 저출생은 위협일지 모른다. 이러한 관점에 따르면 저출생에 따른 노동 인구의 감소는 경제 성장의 둔화이자, 저출생과 동반되는 고령화로 인해 노동 인구 대비 비노동 노년 인구의 수가 늘어나면서 노인 부양 부담이 늘어나는 것을 뜻한다.

그러나 과거의 저출생은 '문제'가 아니었다. 저출생 초기 단계에서는 오히려 아이를 적게 낳는 것이 노동 인구 대비 양육 비용을 줄임으로써 경제 성장을 도모하는, 이른바 인구학적 배당금(demographic dividend) 현상이 일어난다. 출산율 감소와 함께 여성의 경제 활동 참여가 늘어나면 '배당금'은 더 커진다. 교육은 가족과 출산에 대한 근본적인 인식 변화를 낳음으로써 출산율을 빠르게 낮추는 핵심 기전이다. 여성의 평균 교육 수준이 가장 높은 국가 가운데 하나인 한국은 그래서 인구학적 배당금의 수혜를 가장 크게 본 사례에 속한다.

저출생은 그 자체로는 좋거나 나쁜 것이 아니라, 사회가 처한 상황 속에서 그 의미가 달라지는 현상이다. '한국'이라는 사회의 경계를 넓혀 국제적인 관점에서 보면 더욱 그렇다. 현재 저소득 국가는 20세기 중반 한국 사회가 그러했듯 젊은 노동 인구가 많으며, 전체 인구도 앞으로 더 늘 전망이다. 이 국가들에서도 서서히 출산율이 떨어지면서 인구학적 배당금을 거둬들일 시기가 가까워지고 있지만, 일자리가 부족하고 사회가 불안정하면 아무리 젊은 노동 인구가 많아도 그 수혜를 입기 어려울 것이다. 노동 인구가 감소하는 고소득 국가들에서 저소득 국가 출신의 노동 인구를 적극적으로 받아들이고 이주 노동자들의 통합을 지원하는 것이 합리적일 텐데, 정작 많은 나라에서 이민 정책은 꽉 막혀 있다. 그 와중에 자국의 출산율을 높이는 데는 적극적이니, '우리'를 지키고 '그들'은 잉여로 내치는 사고 방식이 여기서 다시 드러난다.

다시 한번, 지속 가능하지 않은 현 제도의 전환은 사람 수를 늘리는 게 아니라 사람들이 지닌 역량을 어떤 행동과 결정으로 이어 가는지에 달려 있다. 그런 점에서 우리도 지금 한국 사회를 살아가는 사람들 — 아이와 젊은이, 이민 노동자, 중장년층과 노년층 모두 — 하나하나의 역량을 존중하고 키워 나가는 방안부터 고민해야 하지 않을까? 예컨대 저출생이 경제 성장을 둔화시킬 것을 걱정하기에 앞서, 경제 활동에서 제외되고 차별받는 소수 집단에 포용적인 노동 환경부터 만들어야 하지 않을까?

자원이 부족해서가 아니다

같은 액수의 돈이 상황에 따라 다른 가치를 지니듯, '너무 많은 인구', '최저 출산율' 등 인구 값은 그 자체로 일희일비할 소재가 아니다. 인구는 사회 변화의 원재료일 뿐, 이를 동원해 사회가 어느 방향으로 나아가는지는 그 사회 구성원의 선택과 그 선택을 견인할 수 있는 정책에 달려 있다.

'세계 최초'를 좋아하는 분들에게는 조금 실망스럽겠지만, 한국의 낮은 합계 출산율은 단일 국가로서 처음일 뿐, 이 정도로 낮은 출산율은 이미 다른 곳에서 기록된 바 있다. 홍콩은 20년 전에 이미 합계 출산율 1 미만 대로 진입했고, 독일 통일 직후 몇 년간 (구)동독 지역의 출산율은 지금의 한국보다도 낮았다. 이는 통일과 함께 (구)동독 지역 사회에 커진 불확실성이 출산율에도 반영된 것으로 해석된다. 불확실성은 경제적 전망이 안 좋을 때뿐만 아니라 사회 전반에 대한 믿음이 낮아졌을 때 커진다. 최근 인구학계는 사회 구성원이 느끼는 불확실성과 서로에 대한 불신이 가족을 이루고 자녀를 낳는 선택을 하는 데 중요한 역할을 한다고 보고 있다. 실제로 통일 직후 급락한 (구)동독 지역의 출산율은 지난 20년 동안 서서히 반등해서 (구)서독 지역을 추월하기까지 했다.

이처럼 출산율은 집단의 경계를 어디로 긋는지에 따라 높고 낮은 문제가 된다. 무엇보다 출산율은 사회의 변화에 반응하며 변해 간다. 사회 변화 방향과 그 여파를 예측하기 쉽지 않기에, 저출생 '처방전'을 기대하기는 어렵다. 다만 금전적 보상을 통해 출산율을 높이고자 하는 정책들은 대체로 성과가 없거나 있더라도 일시적인 효과만 있다는 것이 최근 연구 결과다.[10] 대신 양육의 전반적인 조건을 개선함으로써(육아 휴직을 장려하고 어린이집 지원을 늘리는 등) 장기적인 효과를 기대할 수 있다고 한다.

자원이 늘면 사람들이 아이를 더 많이 낳으리라는 생각은 맬서스의 가장 큰 착각이기도 했다. 맬서스 곡선에서처럼 식량 자원이 늘어남에 따라 사람들이 아이를 더 낳는다면 가장 부유한 국가들에서는 출산율이 높아야 하는데 현실은 반대이지 않은가. 산업화와 함께 전반적인 삶의 조건이 개선되면서 사망률과 함께 출산율도 감소하는 인구학적 천이(demographic transition) 현상은 19세기 말부터 시작되어 전 세계에 걸쳐 일어나고 있다. 적어도 국가 단위의 추세 속에서는 자원의 증가가 출산율의 감소를 견인한다.

왜 자원이 늘었는데 아이를 더 낳지 않을까? 먹을 것만 충분하면 새끼를 낳는 '여느 동물'과 달리 사람이 특별해서라고? 사람이 '동물적 본능'에서 벗어났기 때문이라고? 저출생에 대해 종종 제기되는 이와 같은 흔한 반응은 다시 생각해 볼 여지가 있다.

사실, 사람이 아닌 동물도 번식을 식량 자원에만 의존하지 않는다. 가령 번식이 가능한데도 그 생리적 기능이 억제되거나 늦게 성숙하는 '번식 억제(reproductive suppression)' 현상은 사람이 속한 영장류에서도 다양한 형태로 나타난다.[11] 남아메리카에 서식하는 비단원숭잇과 타마린(Tamarin) 원숭이에서는 위계 서열의 우위를 점한 암컷이 새끼를 낳아 기르는 동안에는 서열이 낮은 암컷들이 이미 번식 연령에 도달했더라도 새끼를 낳지 않는 경향이 있다. 대신 다른 암컷이 낳은 새끼를 함께 기른다. 지금까지 제기된 가설에 따르면, 번식이 생리적으로 억제됨으로써 한정된 자원을 두고 경쟁해야 하는 상황을 미연에 방지하고, 또 나중에 본인의 새끼가 태어났을 때를 위해 양육을 연습하는 효과가 있을 수도 있다.

사람은 이 원숭이들과 똑같은 양상으로 번식 억제가 일어나는 것은 아니지만, 임신과 출산을 하는 데 생리적으로 관여하는 생식 기능이 자원의 양 같은 물질적 요인만이 아니라 다른 개체와의 관계나 사회적 위치 등 각종 사회적 요인에 반응하는 일반적인 양상은 비슷하다. 외부 조건으로 인해 시상하부-뇌하수체-부신 축(hypothalamic-pituitary-adrenal axis)으로 이루어진 스트레스 대응 체계가 자극되고, 이러한 자극이 지속될 때 번식 기능이 억제되는 생리적 기전은 활발한 연구가 이루어지는 주제다. 실제로 지속적이거나 극심한 스트레스로 착상 및 임신의 어려움을 겪고 유산 위험까지 높아지는 현상은 잘 알려져 있다. 넓은 맥락에서 사회적 요인이 번식 기능을 저해하는 예라고 할 수 있다.

이러한 관점에서 보면, 출산은 개인의 선택만으로 결정되는 문제가 아니다. 출산이 단지 이념과 가치관에 따른 선택이라면, 그래서 아이를 안 낳는 '이기적인 젊은이들'을 비난한다면, 낳고 싶은 아이 수보다 실제로 낳은 아이 수가 대체로 적은 현상은 설명하기 어려울 것이다. 많은 저출산 사회에서는 원했던 자녀 수에 비해 적은 수의 아이를 낳는 것으로 알려져 있다.[12] 예컨대 20대 초반에는 평균 둘 이상의 아이를 낳고 싶어 하지만, 실제로는 둘 미만의 아이를 낳게 된다. 성인기를 거치면서 출산 계획을 하향 조정한 결과이기도 하겠지만, 출산 의지가 있음에도 실현하지 못하는 생리적, 문화적, 제도적인 어려움도 중요한 몫을 한다. 앞서 살펴본 바 극심한 스트레스로 착상과 임신에 어려움을 겪거나, 사회적 편견과 법 제도 때문에 난임 시술을 시도하지 못하는 제도권 밖의 여러 가족이 그 예다.

원하는 출산을 이룰 수 있고 또 태어난 아기가 건강하고 행복하게 자랄 수 있는 사회를 고민하는 것이 개개인의 행동을 비난하는 것보다 더 효과적인 저출생의 해법이 아닐까?

'너무 적은 인구'를 탓할 것이 아니라

한국보다 오래전부터 저출생을 경험한 유럽 국가들에 대한 인구학자들의 전망에 따르면 현재의 낮은 출산율이 '회복'될 가능성은 작다. 하지만 저출생이 회복된다고 할 때 기준은 무엇인가? 보통 출산율 2.1을 대체 출산율(replacement fertility)로 부르고 이보다 낮으면 위험 신호로 여긴다. 출산율 2.1은 이민으로 빠져나가거나 들어오는 사람이 하나도 없다고 가정했을 때, 한 세대의 인구를 다음 세대에도 유지할 수 있기 위해 1쌍당 2명이 태어나야 한다는 생각에서 비롯되었다. 영아 사망률을 고려해서 여기에 0.1을 더한다.

하지만 대체 출산율은 인구 문제의 해법을 모색하는 데는 유용하지 않은 개념이다. 인구에는 출산과 함께 이민과 사망도 영향을 미치므로, 아무리 출산율이 높더라도 다른 요인으로 인구가 감소할 수 있다. 가령 러시아는 한국, 일본 등과 함께 출산율 자체를 높이는 것을 목표로 저출생 정책을 추진하는 국가 가운데 하나인데, 우크라이나 전쟁으로 사망률이 치솟고 블라디미르 푸틴(Vladimir Putin, 1952년~) 치하의 러시아를 떠나는 국민이 80만 명을 넘어서는 상황[13]에서 설령 출산율이 2.1을 넘는다 해도 인구 감소를 막을 수는 없을 것이다. 즉 의미 있는 삶의 기회가 제공되지 않아 젊은이들이 떠나거나 잠재성을 발휘하지 못하는 사회라면, 출산율을 높이는 것으로 인구 문제를 해소하기 어렵다.

대체 출산율을 기준으로 출산율의 높고 낮음에만 초점을 맞추는 습관에서 벗어나야 할 이유는 더 있다. 한반도에, 그리고 이 지구 상에 어느 때보다 많은 사람이 살아가는데, '현상 유지'를 위한 대체 출산율을 목표로 삼는 것은 도무지 현실적이지 않다. 오히려 인구 문제를 지속 가능성의 틀에서 연구하는 어느 석학의 말마따나, 머릿수를 셀 것이 아니라 머릿속에 무엇이 들었는지에 관심을 기울여야 할 때다. 사회 구성원 모두 — 모든 연령과 배경을 아우르는, 말 그대로 '모두' — 의 잠재성을 실현하는 것이, 현재로서는 그 방법이 묘연한 출산율 증가에 연연하는 것보다 현실적이다.

여러 예측을 통해 거의 확실시되다시피, 현재 세계 인구는 앞으로 조금 더 늘다가 저출생이 현재의 저소득 국가에도 자리를 잡으면 100여 년 뒤부터 감소하기 시작할 것이다. 한국은 그 거시적 경향에 일찌감치 동승했다. 분명한 것은 이러한 현실이 그 자체로는 종말을 의미하지 않으며, 아이를 덜 낳는 것도, 더 낳는 것도 옳고 그름의 문제가 될 수 없다는 점이다. 오히려 우리가 천착해야 할 문제는 인구가 아니라, 이미 도래한 기후 위기라는 난제를 함께 풀어 나가며 100년 뒤를 맞이할 사람을 키우는 일이다. 물론 우리 각자가 '그 사람'으로 되어 가는 것이 첫걸음일 터다.

10장
자연에 답이 있다는 말
다윈의 그늘

"가장 중요하고 흥미로운 문제"

1871년, 빅토리아 여왕(Queen Victoria, 1819~1901년)의 조카 글라이헨 백작(Count von Gleichen, 1833~1891년)[1]은 간호사이자 사업가였던 메리 시콜(Mary Seacole, 1805~1881년)의 흉상을 제작한다. 굳게 다문 입술이 드러내는 흔들림 없는 결의와, 아직 오지 않은 미래를 향한 눈빛이 인상적인 그녀의 모습에는 긍지와 자부심이 묻어난다. (176쪽 그림 참조)

시콜은 크림 전쟁 당시 다친 군인을 치료하고 전쟁터를 방문한 사람들이 묵을 '영국인 호텔(British Hotel)'을 운영했다. 자메이

메리 시콜의 흉상을 조각하는 글라이헨 백작의 캐리커처.

카에서 태어나 유럽 정착촌 일대와 파나마에서 의료 사업을 하다 영국으로 건너간 시콜은 크림 전쟁이 발발하자 여러 차례 전쟁 간호사에 지원했지만, 선발되지 않았다. 결국 모아 둔 사업 자금을 이용해 본인이 직접 호텔을 지어 운영하기에 이른다. 전쟁 후 재정 상황이 악화되어 파산에 이른 시콜을 지원하기 위해 후원회가 조직되었고, 후원에 적극적이었던 글라이헨 백작이 흉상까지 제작한 것이다.

같은 해인 1871년, 찰스 다윈(Charles Darwin, 1807~1882년)은 『인간의 유래와 성 선택(The Descent of Man, and Selection in Relation to Sex)』(이하 『인간의 유래』) 출판과 동시에 세간의 놀림거리가 된다. 1859년 『종의 기원(On the Origin of Species)』으로 이미 학계와 대중 모두에 큰 파장을 일으켰던 다윈은, 이번에는 『인간의 유래』로 풍자의 직접적인 소재가 되었다. (178쪽 그림 참조) 누군가 유인원의 모습으로 풍자된다면 그것은 보통 모욕이며, 특히 빅토리아 시대 영국에서는 더욱 그랬다. 사람이 아닌 동물은, 심지어 사람과 유전적으로 가장 가까운 대형 유인원일지라도, 사람보다 '하등하다.'라는, 나아가 사람은 그 '하등함'을 지니지 않았다는 인식이 그 어느 때보다 공고했기 때문이다.

이 인식에 대한 도전이 『인간의 유래』였다. 여기서 다윈은 현

찰스 다윈을 조롱하는 풍자화.

생 유인원이 사람과 계통적으로 가장 가까운 동물이며, 인류는 아프리카에서 기원했다고 예측했다. 다방면의 증거가 충분히 쌓인 지금은 사실로 인정받고 있지만, 당시로서는 매우 새롭고 또 파격적인 견해였다. 다윈은 『인간의 유래』 첫 번째 장부터 사람의 특징이 다른 동물과 연장선에 있음을, 주로 해부학, 발생학, 비교 동물 행동학에서 얻은 자료들을 동원해 주장한다. 당시는 지금만큼 고인류 화석 자료도 많지 않았고 현대 유전학은 그 서광이 채 비치기도 전이었다. 그런데도 다윈의 꼼꼼한 — 8년을 들여 따개비의 자연사에 대한 책을 4권이나 쓸 정도였던 다윈! — 관찰력과 동시에 큰 그림을 놓치지 않는 통찰력은, '사람은 어디에서 왔는가?'라는 질문에 새로운 빛을 던지기에 충분했다.

사람은 어디에서 왔는가? 다윈과 함께 자연 선택 이론을 발전시키고 발표한 앨프리드 러셀 월리스(Alfred Russel Wallace, 1823~1913년)에게 보낸 편지에서 다윈이 "자연 과학도로서 가장 중요하고 흥미로운 문제"라고 쓴 질문이며,[2] 인간이 자신에게 던져 온 가장 오래된 질문이기도 하다. 정작 『종의 기원』에서는 이 질문에 함구한 다윈은 10년이 지난 뒤에야 『인간의 유래』에서 그 "가장 중요하고 흥미로운 문제"를 다룬다.

하지만 그 대가는, 두 살 터울로 태어나 동시대를 산 메리 시콜과 달리 비난과 조롱이었다. 둘의 삶은 1871년 서로 다른 조명 아래 선 듯했다.

시콜 앞에 선 다윈

시콜의 흉상은 『인간의 유래』가 출판된 이듬해 런던 왕립 협회에 전시되었다고 한다. 다윈은 이 흉상을 보았을까? 비글 호 항해의 연구 성과로 일찍이 런던 왕립 협회 회원으로 추대되고 1864년에는 협회에서 가장 큰 상인 코플리 메달(Copley Medal)까지 받은 다윈이 협회에 들러 시콜의 흉상을 보았다면, 어떤 생각을 했을까?

시콜이 스코틀랜드 인 아버지와 자메이카 원주민 어머니 사이에서 태어났다는 이야기를 들은 다윈이 흉상 속 시콜의 얼굴을 잠시 들여다보았을 순간을 상상해 본다. 그도 그럴 것이 다윈은 『인간의 유래』에서 「인종에 관하여」라는 장 하나를 통째로 할애해 인종 간 차이를 묘사하고 나아가 인종의 기원 문제를 다루었기 때문이다. 사회적, 정치적으로 가장 민감한 내용을 담은 다윈의 글 가운데 하나일 것이다.

유전학이 채 발달하기 전이었던 19세기에는 인종을 서로 다른 생물학적 종으로 보는 다성 기원론(多性起源論, polygenism. '다원 기원론(多元起源論)'이라고 번역하기도 한다.)이 지배적이었다. 머리뼈(두개골)의 크기와 모양으로 인종을 구별할 수 있다는, 지금은 반증된 골상학에 기반해, 인종 간의 차이가 실질적일 뿐만 아니라 백인이 다른 인종보다 우월한 특질을 지녔다고 보았다. 이는 백인 주도의 식민 제국주의와 노예제, 이후 인종 학살을 정당화하는 직접적인 근거로 동원되었다. 이처럼 인종 차별을 지지할 실증적 근거가 있다고 보는 과학적 인종주의(scientific racism)는 20세기를 거치면서 힘을 잃었지만, 지능이나 정신적 특성의 인종 차이를 이야기할 때 여전히 등장하곤 한다.

『인간의 유래』의 「인종에 관하여」 장에서 다윈은 다윈 기원론에 단호히 반대한다. 인종은 서로 다른 생물학적 종이 아니라 하나의 공통 조상에서 유래한, 따라서 하나의 생물학적 종 안에 포함된다는 단성 기원론(單性起源論, monogenism, '단일 기원론(單一起源論)'이라고 번역하기도 한다.)이 다윈의 입장이었다. 현대 유전학을 비롯한 생물학과 고인류학 연구를 통해 두루 지지받는 단성 기원론은 이제는 정설이 된 인류의 아프리카 기원론과도 잘 맞물린다.

피부색이나 머리카락 등 외형의 생물학적 차이가 유전적으로 구별되는 인종 집단을 이룬다는 인식은 지금도 팽배하다. 시대를 앞서 다윈은 서로 다른 인종의 부모가 만나 아이를 낳을 수 있다는 점, 피부색이 경계가 뚜렷하지 않고 점진적으로 분포한다는 점 등을 바탕으로, 인종을 생물학적 종으로 여겼던 당시의 통념을 반박했다. 아프리카, 남아시아, 동남아시아, 미크로네시아, 남아메리카 원주민 모두 대체로 어두운 빛깔의 피부색을 지니는데, 이처럼 비슷한 피부색을 가진 사람들이 여러 대륙과 문화 집단에 걸쳐 나타난다는 점 또한 인종이 특정 신체 형질로 결정된다는 견해에 반한다. 어두운 피부색은 강한 자외선에 대한 적응으로서, 적도에 가까운 지역에 사는 사람들에서 나타나는 생물학적 형질임에는 분명하지만, 집단을 생물학적으로 구별 짓기에는 매우 유연한 형질이다.

이처럼 사람의 생물학적 다양성을 기술하는 개념으로서 인종은 과학적으로 정확하지 않으나, 사회적 범주로서 인종은 엄연히 존재한다. 우리가 피부색이나 머리카락 특성 등의 조합을 특정 인종 표식과 연관 짓는 방식에 익숙하고, 그 결과는 사회, 정치, 법 등의 영역에서 개개인의 삶에 직접적인 영향을 미친다는 점에서 그렇다. 예컨대 보는 이의 관점에서 피부색이 '어두운' 사람을 '흑인'이라고 하거나 심지어 '깜둥이'라고 폄하하여 부르는 사회적 현실은 실재한다. 즉 사회적 범주로서 인종은 현실인 것이다.

진화는 진보가 아님에도

그러나 인종을 개별 생물학적 종으로 볼 수 없다는 과학적 지식은 인종을 서열화하고 일부 집단의 사람들을 차별하는 이념과 태도의 전환까지 이루지는 못했다. 하등한 '야만인(savages)'과 유럽인으로 표상되는 '문명인(civilized)'이라는 이 이분법은 다윈이 살아가던 시대와 사회에 팽배했으며, 안타깝게도 다윈의 글에도 남아 있다.

다윈은 어두운 피부색을 지닌 사람들에 대해 유독 특별한 태도를 보였다. 『인간의 유래』 7장 「인종에 관하여」에서 다윈은 "일부 특정한 흑인종을 제외하고는 가장 뚜렷하게 차이가 나는 인종조차 처음 생각했던 것보다 훨씬 비슷한 법이다."라고 말하면서, 아프리카 인과 그 후손, 그리고 아메리카 원주민들을 단성기원론의 예외로 두는 듯한 입장을 취한다.[3] 또한 다윈은 같은 장에서 일부 집단이 하등한 습성을 바꾸지 못해, 혹은 '정교한' 문화가 없어서 다른 집단 — 특히 유럽 백인 — 과의 경쟁에서 밀렸고 소멸하게 되었다는 주장을 펼친다. 『인간의 유래』의 가장 널리 읽히는 판본인 2판에서는 더 많은 사례로 이 견해를 보완

하고, 문명인이 야만인을 정복하는 과정을 자연 선택의 작용으로 설명하기에 이른다. 『인간의 유래』가 당시 식민주의를 자연법칙에 부합하는 것으로 정당화하고 이후 우생학의 등장을 예견하는 대목이자, 과학자 다윈이 후대에 남긴 어쩌면 가장 아프고 치명적인 유산이다.

우생학은 인간 모두 같은 생물학적 종에 속해 있지만 그 안에는 위계적 차이가 있어 '우월한' 개체가 그렇지 않은 개체를 대체한다는 생각에 바탕을 두고 있다. 여기서 진화는 진보와 혼동되고 있다. 진화는 생물학적 종이 시간에 따라 변화하고 그 변화가 축적되는 과정이므로 그 자체에 방향성이 없다. 종의 진화는 더 나아지는 게 아니다. 단지 자연 선택을 통해 주어진 환경에 적응하거나, 때로는 유전적 부동과 같은 우연의 힘으로 집단의 유전적 구성이 변하면서 이전 세대와 조금씩 달라질 뿐이다. 하지만 개선의 의미를 함축한 진보는 '바람직함'에 대한 주관적 정의를 바탕으로 분명한 방향성을 띤다. 나아진다는 것은 누구의 관점에서인가?

다윈은 생물 종과 인간 집단이 각자 나름의 방식으로 환경에 적응한다는 상대적 관점을 견지했지만, 여전히 이들이 '더 나은' 성질에 따라 서열화될 수 있다고 보았다. 모든 사람이 하나의 종에 속한다는 단성 기원론은, 사람이 특정 방향으로 진보(해야)한다는 생각과 만났을 때 인종 차별과 공존할 수 있다. 이러한 오해는 지금도 계속되며, 일부는 다윈의 글에서 기인한다.

서술했다시피 다윈은 피부색 등의 생물학적 특징으로 인종을 나누기 어렵다는 분명한 입장이었다. 다윈은 이렇게 말했다. "인종 간의 외적인 차이 중 어느 것도 직접적이거나 특별한 도움이 되지는 않는다."[4] 다윈은 노예 제도에 부정적이기도 했다. 그릇 만드는 사업으로 큰돈을 번 다윈의 외할아버지 조사이아 웨지우드(Josiah Wedgwood, 1730~1795년)는 당시 영국의 노예제 폐지 운동에 자금을 조달했고, "나는 사람도, 형제도 아니란 말인가?"라는 문구가 적힌 메달을 만들어 그릇이나 액세서리를 장식하는 데 사용했다고 한다. (186쪽 사진 참조)

노예제 폐지에 적극적인 가정에서 자란 다윈에게 비글 호 항해는 노예제의 실상과 정면으로 마주하는 계기였다. 1839년 처음 출판된 『비글 호 항해기(The Voyage of the Beagle)』에서 다윈은 이렇게 회고한다.[5]

> 요즘에도 멀리서 비명 소리가 들리면, 나는 브라질 페르남부쿠(Pernambuco) 지역의 어느 집(아마도 올린다(Olinda)의 구시가지였던 것 같다.)

다윈의 외할아버지 조사이아 웨지우드가 1787년경에 만들어 18세기 말 크게 유행했다고 하는 "나는 사람도, 형제도 아니란 말인가?"라는 문구가 적힌 노예제 반대 메달.

앞을 지나가다 들었던 그 애처로운 신음 소리와 그때 느꼈던 감정을 고통스럽도록 생생히 떠올리게 된다. 불쌍한 노예가 고문당하고 있는 것이 아닌가 의심하지 않을 수 없었지만, 항의 한 마디조차 하지 못하는 어린아이처럼 나는 무력했다.

평생 잊지 못할 이 충격으로 노예제가 있는 나라에 다시는 가지 않겠다고 다짐한 다윈이었다.

그런데도 다윈은 「인종에 관하여」 장 전반에 걸쳐, 피부색이 어두운 사람들이 지능, 도덕, 사회 제도 등 주로 '정신적' 측면에서 '하등'하다는 견해를 피력한다. 다윈은 이들을 '야만인'이라 부르는 데 주저함이 없다. 이러한 태도는 『인간의 유래』 후반부에서 성 선택 이론을 개진하는 데서도 이어진다. 다윈은 사회적으로 바람직하다고 여겨지는 성질을 남성성과 연결한다. "남성은 여성에 비해 용기가 있고, 호전적이며, 원기왕성하며, 발명의 재능을 더욱 많이 갖추고 있다." 여성의 특징을 비교적 중립적으로 묘사하는 것 같다가도 이내 '하등한' 인종이나 문명의 특성으로 귀속시킨다.

일반적으로 여성은 직관 능력, 빠른 인지 능력, 그리고 모방 능력이 남성에 비해 두드러지게 발달했다고 알려져 있다. 하지만 적어도 이러한 능력의 일부는 하등한 인종의 특징이기도 하다. 이렇게 보았을 때 이러한 능력은 오래전 낮은 문명의 수준에서 갖추게 된 특징이라 말할 수 있다.[6]

다윈은 마치 논리적인 귀결인 듯 이렇게 말한다. "남성은 궁극적으로 여성보다 우월해졌다."[7]

사람과 (사람 아닌) 동물이 "정도의 차이는 있어도 질적으로는 다르지 않다."[8]라며 자신이 조롱거리가 될 정도로 당시 통념에 정면으로 반하는 주장을 편 다윈이 지금까지도 우리 곁에 살아 숨 쉬는 인종 차별, 여성 혐오와 공명하는 발언을 서슴지 않았다는 사실은 무엇을 말해 주는 것일까?

한 방울로도 충분하다

메리 시콜은 플로렌스 나이팅게일(Florence Nightingale, 1820~1910년)이 38명의 간호사를 이끌고 크림 반도로 출발한 지 얼마 안 되어 런던에 도착했다. 나이팅게일이 추가 간호사를 곧 선발하라는 지시를 남겨 놓고 떠난 터였다. 시콜은 바로 지원했지만 면접도 보지 못하고 떨어졌고, 선발 업무를 담당했던 장군의 집에 직접 찾아가 여러 차례 부탁할 정도로 적극적이었음에도 간호사 선발이 마감되었다는 소식만 들었다.

"내 피가, 그 사람들보다 짙은 색의 피부 아래서 흐르기 때문일까?"[9] 스코틀랜드 인 아버지와 자메이카 인 어머니 사이에서 태어난 시콜은 자문했다. 시콜은 스스로를 흑인보다는 '크레올(Creole)'이라 여겼다고 전해진다. 크레올은 유럽 식민지에 이주, 노예, 강제 징집 등의 이유로 다양한 배경을 지닌 사람들이 모여 살게 되면서 만들어진 민족 집단을 뜻하며, 아메리카와 아프리카 전역에 걸쳐 분포한다. 특정 나라나 인종, 문화, 언어로 정의되지 않고, 오히려 뿌리 뽑힌 삶과 혼합성을 정체성의 기반으로 삼는다. 그러나 시콜 본인이 정의하는 자기 정체성은 영국의 백인들이 '보는' 시콜과 일치하지 않았다. 그들에게 시콜은 흑인, 아니, '백인이 아닌' 존재였다.

기록에 따르면 당시 시콜과 비슷한 경험을 한 지원자들이 있었다.[10] 어떤 지원자는 "서인도[11] 사람의 체격으로는 고된 간호 업무를 보기 어렵고, …… 일부 영국인 환자들은 유색인이 돌보는 걸 좋아하지 않을 것"이라는 이유에서, 또 다른 지원자는 "귀감을 살 만한 인물"이긴 하나 "52세라는 나이가 너무 많고 거의 흑인이어서" 거절되었다. "거의 흑인(almost black)"이라는 표현이

10장 자연에 답이 있다는 말

흥미롭다. 심사원이 보기에 지원자의 피부색이 '충분히' 밝지 않았던 것일까?

다윈이 정확히 관찰했듯이, 피부색의 밝고 어두움은 정도의 차이일 뿐 인종을 가르는 생물학적 기반이 아니다. 하지만 우리는 여전히 어떤 피부색을 특정 인종의 표식과 연결 짓는다. 즉 '지금 내 앞에 있는 이 사람은 흑인인가?'라는 질문을 하며, 여기에 대한 답은 내가 이 사람의 피부색을 어떻게 보느냐, 즉 보는 이의 시선과 인식에 달려 있다. 예컨대 미국 44대 대통령 버락 오바마(Barack Obama, 1961년~)와 2024년 대선 후보 카멀라 해리스(Kamala Harris, 1964년~)는 모두 흑인 아버지와 비흑인 어머니 사이에서 태어났고, 자신을 '흑인'이라 여기는 것으로 알려져 있다. 오바마는 일찍이 아버지와 이혼한 백인 어머니, 그리고 백인 조부모의 손에서 자랐지만 피부색은 '충분히' 밝지 않았다. 그 생김새는 오바마의 경험에 큰 영향을 미쳤을 것이며, 오바마는 이를 바탕으로 본인의 정체성을 흑인이라 판단한 것이리라.

크림 전쟁에 지원한 어느 간호사가 '거의 흑인'인 것이 낙방의 이유였던 것처럼 피부색을 바탕으로 한 차별은 피부색이 '충분히' 밝지만 않아도 일어날 수 있다. 20세기 미국에서 널리 적용되었던 '한 방울 원칙(one-drop rule)'에 따라 흑인 조상이 1명만 있어도 — 예컨대 피부색이 조금이라도 어두우면 — 흑인으로 여겨진 것처럼 말이다. 오바마나 해리스가 미국 사회에서 겪었을 인종 차별의 배경이자 자신을 흑인이라 여기게 된 이유일 것이다. 그런데 설문 조사에 따르면 정작 미국 대중은 둘을 '흑인'보다는 '다인종(multiracial)'이라고 부르는 편을 선호한다고 한다.[12] 현대 미국에서 극히 드문 성공 신화를 쓴 이 두 사람이 '흑인'으로 대변되는 비기득권층의 삶에 어울리지 않다고 여겨서가 아닐까? 만약 세탁소를 운영하는 오바마나 해리스의 사진을 보았다면 "이 사람의 인종은 무엇입니까?"라는 질문에 대한 미국 대중의 답이 달라지지 않았을까?

결국 나이팅게일의 간호 원정단에 선발되지 못한 메리 시콜은 크림 반도에 '영국인 호텔'이라는 시설을 직접 지어 전쟁이 끝날 때까지 약 1년 동안 운영했다. '백의의 천사'로 널리 알려진 나이팅게일의 사례와는 달리, 시콜의 이야기는 19세기에 씌어진 시콜 자서전이 1980년대에 재출판되면서 조금씩 알려지기 시작했다. 크림 전쟁 동안 의료 지원을 한 두 여성, 나이팅게일과 시콜이 서로를 대하는 온도차는 특히 주목할 만하다. 어느 편지에서 나이팅게일은 본인이 시콜과 관련되기를 꺼리며, 시콜의 시설에서 "만취와 정숙하지 못한 행동"이 일어나고 시콜이 일부 인물과 동거한다고 썼는데,[13] 증거가 충분하지 않아 액면 그대로 받아들일 수 없는 주장으로 여겨진다. 사실 여부와 상관없이, 나이팅게일이 시콜의 공적을 평가하기 주저했다는 것은 분명해 보인다. 시콜이 영국인 호텔에서는 음주나 무절제한 행동이 철저히 금지되었다고 쓴 점, 정작 시콜은 전쟁터에서 한 번 만난 나이팅게일과의 인연을 자랑스럽게 강조하고 나이팅게일이 보인 호감을 여러 차례 이야기하고 다녔다는 점과 대조된다.

피부색이 '충분히' 밝지 않았고 게다가 여성이었던 시콜은 분명 19세기 영국 사회 기득권이 아니었다. 자메이카를 떠나 영국인으로 살고 싶어 했다던 시콜에게 어쩌면 나이팅게일은 시콜이 되고 싶었던 자아였을지 모른다. 나이팅게일이 시콜에게서 둔 거리는 그래서 더욱 눈에 띄고 또 아프게 다가온다. 나이팅게일은 현대 간호학과 의료 통계에 중요한 기여를 했을 뿐만 아니라, 평생 여성의 정치적 역할을 증진하고자 노력한 것으로 알려져 있다. 여성이라는 이유로 차별받고 음해의 대상이 된 경험이 많았기 때문이다. 크림 전쟁 당시에는 어느 군 사령관이 사실 관계가 확인되지 않은 상태에서 "나이팅게일과 간호 원정단은 규칙을 지키지 않고, 반항적이며, 정직하지 않고, 사치스럽고, 부정부패와 낭비를 일삼는다."라고 보고했다고 한다.[14] 아이로니컬하게도 시콜에 대한 나이팅게일의 부정적 평가와 어딘가 닮았다.

위인전 단골 소재로 오늘날까지 존경받는 나이팅게일의 박애주의. 뒤늦게 다시 조명받으며 특히 인종적 소수자에게 영감을 주는 시콜의 국경을 뛰어넘는 헌신. 인류애는 둘을 관통하는 정신이었지만, 정작 나이팅게일과 시콜이 서로를 독려하고 지지하는 동료로서 만나는 다리가 되어 주지는 못했다. 나이팅게일은 알았을까? '백인의 피가 흐르는' 자신보다 '피부색이 더 까만' 사람들과 거리를 두려 애썼다는, 시콜의 자서전 곳곳에 드러난 흔적을. 영국 백인 사회에 배제당하면서도, 스스로 '흑인'보다는 영국인으로 남고 싶어 했다는 사실 또한 말이다.

백인을 다른 인종보다 우월한 위치에 두는 편견으로부터 나이팅게일과 시콜은 공히 자유롭지 못했던 것이 아닐까? 그리고 그들과 동시대를 살았던 다윈에 대해서도 우리는 같은 질문을 해 보지 않을 수 없다.

다윈의 편견

인간의 기원을 "가장 중요하고 흥미로운 문제"라 했음에도 다윈은 『종의 기원』에서 사람에 관해서는 함구했다. 세간의 편견(prejudice)이 그 이유라고, 자신과 자연 선택 이론을 함께 주창한 학술적 동지였던 앨프리드 러셀 월리스에게 보낸 편지에서 다윈은 말한 바 있다.[15] 『종의 기원』이 마주해야 하는 편견은 크고 견고했다. 신의 피조물들이 사람을 꼭대기로 하는 위계 서열을 따른다는 기독교적 세계관은 당시 서구 사회 어디에나, 또 누구에게나 스며들어 있었다. 『종의 기원』이 제시하는 지극히 세속적이고 또 무신론적인 설명이 어떻게 받아들여질지는 너무나도 분명했다. 여기에 굳이, 가장 특별한 피조물인 인간의 위치까지 흔듦으로써 더 큰 화를 불러오고 싶지는 않았던 것일까? 이후 다윈은 난이 화석화되는 과정, 종 교배에 관한 책들을 쓰는 데 집중하며 '사람'이라는 주제에서 되도록 거리를 두면서도, 『종의 기원』이 촉발한 학문적, 대중적 논쟁 모두를 지켜보았다. 그래서 드디어 1871년 『인간의 유래』에서 "가장 중요하고 흥미로운 문제"를 정면으로 다루기로 결심했을 때, 이 책이 가져올 혼란을 다윈은 너무나도 잘 알고 있었다.

정작 다윈이 몰랐던 것은 본인이 지닌 편견이었다. 사람이 신의 피조물이 아니며 다른 동물들과 질적인 차이가 없다고 주장하는 데는 두려움이 없었던 다윈이지만, 자신이 속한 집단 ― 즉 영국 백인 중산층 ― 이 누리는 지위와 특권에는 이의를 제기하지 않았다. 산업 혁명과 식민지 확장에 한창이던 영국은 '더 나은' 인류에 대한 열망의 중심지였고, 자연 과학은 그 열망의 추동력이었다. 성경이라는 교리 대신 과학이라는 방법을 통해 자연의 이치에 다가갈 수 있다는 자신감은 영적인 혁명에 가까웠다. 이 흥분된 전환기를 가장 가까이서 목도하고 견인한 지식인은 서구 사회의 백인 남성이었기에, 이들이 공유하고 있는 생각은 — 그것이 편견일지라도 — 의심 없이 받아들여지기 쉬웠다.

하지만 과학적 방법이라도 편견에서 자유롭기 어렵다는 사실을 다윈은 잘 알고 있었다. "내가 오랫동안 적용해 온 황금률이 있는데, 내 생각에 반하는 새로운 사실을 알게 되면 지체 없이 기록해 두는 것이다. 그런 (내 생각에 반하는) 관찰이나 생각은 더 잊히기 쉽기 때문이다."[16] 다윈이 지적한 대로 내 생각과 부합하지 않는 정보는 눈앞에 있어도 '보이지 않기' 쉽다. 확증 편향으로 알려진 현상이다. 잠시라도 주의를 소홀히 하면 인식의 그물에 포착되지 못한 채 사라진다. 가령 다윈 자신의 경험은 피부색이 어두운 사람들이, 또 여성이 백인 남성인 자신보다 '정신적'으로 '하등'하지 않다는 증거를 제시하고 있었다. 다윈은 비글호 항해를 하며 만난 피지 인들이 "우리와 얼마나 생각이 비슷한지" 알게 되었다고 고백한 바 있다. 또 『인간의 유래』 편집을 맏딸 헨리에타 다윈(Henrietta Darwin, 1843~1927년)에게 맡기기도 했다. 같은 시기 크림 반도 전쟁터에서는 나이팅게일과 메리 시콜이 영국군들을 치료하며 활약하고 있었다. 인종적 소수자, 여성과 관련된 이 경험에 다윈의 '황금률'이 적용되었다면, 그래서 다윈 자신을 더 적극적으로 질문하게 했다면, 우리는 지금과 다른『인간의 유래』를 읽고 있을지도 모른다.

그 거인도 사람이거늘

2021년, 출판 150주년을 맞은『인간의 유래』는 재조명 작업이 한창이다. 사람의 행동을, 심지어 언어나 문화처럼 사람만 두드러지게 발달한 행동까지도, 사람이 다른 동물과 공유하는 생물학적 특징의 연장선상에서 이해할 수 있다는 인식은 인류 지성사에 굵은 발자취를 남겼다. 그러나 자연에 답이 있다는 생각, 즉 다윈의 바람대로 "여느 다른 동물을 보듯"[17] 인간의 자연사를 기술하는 것은 그리 쉬운 일이 아니다. 설명의 대상이 설명하는 주체 자신을 포함하고 있어 연구자의 편견과 선입견에 따라 정보를 취합하고 해석할 위험이 있기 때문이다. 이 위험은 우리 모두에게 항상 존재함을, 원숭이보다 유독 피부색이 다른 사람이나 여성에게서 거리를 둔 다윈의 조금 낯선 모습을 통해 잊지 말아야 한다.

인간 다윈은 과학자 다윈의 광채에 종종 가려진다. 하지만 과학은 엄연히 사람이 하는 행위이며, 다윈 자신도 이를 잘 알고 있었다. 앞에서 인용한 '황금률'에서, 또 『종의 기원』에 쓴 다음의 말에서도 드러난다. 다윈은 당시의 과학자 중 비록 소수이기는 하지만 자신과 비슷한 생각을 하는 사람이 있다고 말하면서도, 이렇게 덧붙인다. "하지만 나는 자라나는 미래의 젊은 과학도들이 다각도에서 이 문제를 공평하게 다룰 것이라고 확신한다."[18] 다윈은 진화론을 많은 사람이 공감하거나 입증해 주기를 바라는 대신, 충분한 근거를 바탕으로 "공평하게(with impartiality)" 평가해 주기를 바랐고 후대 과학자는 이에 응답했다. 세간의 조롱거리가 되는 모욕을 이겨낼 만큼 다윈에게 확고했던 것은, 진화론에 대한 확신이 아닌 과학 정신 그 자체였다.

다윈의 작업에 암시된 인종 차별적, 성차별적 내용은 없었던 것으로 치부하기보다는 다윈의 학문적 유산을 더 잘 계승하기 위해 적극적으로 발견하고 극복해야 하는 부분이다. 인류학자 아구스틴 푸엔테스(Agustín Fuentes, 1966년~)는 『인간의 유래』에 대해 "우리가 숭배할 텍스트가 아니라, 배워야 할 텍스트다."라고 일갈하기도 했다.[19] 다윈의 글에서 미루어 볼 때, 숭배는 다윈 자신도 원하지 않았다.

진화론은 종종 '다윈주의(Darwinism)'로 불리는데, 현대 진화생물학의 폭넓은 성과 대신 다윈이라는 특정인에 초점을 맞춤으로써 진화가 마치 다윈이 제창한 이데올로기처럼 보이게 만드는 용어다.[20] 진화는, 엄밀히 말하자면, 100년이 넘는 기간 동안 상당하고 다양한 증거를 통해 사실임이 확실시된 과학적 개념이다. 과학적 개념은 경험적으로 얻은 증거 자료들을 하나하나, 의심의 '거름망'에 걸러 수용, 기각, 혹은 새로 고쳐 나가는 대상이다. 일련의 생각이나 이념을 담아내는 이데올로기와 매우 다르다. 다윈이 믿은 과학 정신은 '누가 말했더라도' — 설령 다윈이 말했더라도 — 다각도에서 검토히며 고쳐 나살 수 있는 열린 태도를 핵심으로 한다.

다윈처럼 비범한 과학자도 틀릴 수 있다. 부족한 자료로 인한 증거의 한계, 또 다윈 처한 역사적 상황(19세기 제국주의 시대)에 더해 개인적 조건(영국 중산층 남성)에서 기인하는 관점의 한계 때문이다. 과학자 자신의 위치성에서 빚어진 생각의 습관을 벗어난 완전한 중립성이란 가능할까? 다윈의 사례는 아니라고 말한다.

해법은 오직 다양한 배경의 사람들이 과학을 하는 데 있다. 이는 곧 증거의 다양성을 의미하는데, 과학에서는 비교하고 평가할 수 있는 증거가 많고 다양할수록 좋기 때문이다. 인종, 성 정체성, 사회 및 문화적 배경이 다른 사람들이 모이면 과학 활동에 개입되는 가정과 편견도 발견되기 쉽다. 2013~2014년 남아프리카에서 1,550점에 이르는 새로운 고인류 호모 날레디(*Homo naledi*)의 화석이 발견되었을 때, 연륜 있는 소수의 전문가 대신 다양한 국적의, 아직 교수직에 오르지 못한 젊은 과학자를 모아 연구하도록 한 것도 같은 취지에서였다.

과학적 발견은 "거인들의 어깨 위에 서서 이루어진다."라는 아이작 뉴턴(Isaac Newton, 1642~1727년)의 유명한 문구가 있지만, 우리가 어깨 위에 앉은 그 거인은 신이 아니다. 주어진 시기와 장소의 한계 속에서 과학을 하는, 인간 과학자다. 한 사람의 어깨가 아닌 여럿의 어깨를 나란히 한 위에 섰을 때, 우리는 더 많이 더 넓게 살필 수 있지 않을까. 다윈이 '미래의 젊은 과학도'들에게 가졌던 확신과 희망은 여기에 있다고 나는 믿는다.

나오는 글

검은 것을 일러 '어둡다.'라고 하는 것은 비단 까마귀만 알지 못하는 것이 아니라 검은빛이 무엇인지조차도 모르는 것이다.

능양(菱洋) 박종선(朴宗善, 1759~1819년)의 『능양시집(菱洋詩集)』의 서문을 연암(燕巖) 박지원(朴趾源, 1737~1805년)이 쓰면서 이렇게 말했다. 까마귀는 검다는 이유로 불길함을 상징하곤 한다. 하지만 이는 '본 것이 적은 자'에게만 그렇다고, 연암 박지원은 말한다. 그는 각도에 따라 까마귀의 깃털이 자아내는 검은색의 스펙트럼을 묘사하며, '검정'이 옻칠의 그것일 때는 사물을 비추는 거울이 되기도 하듯, 반드시 부정적 의미만을 지니는 것은 아니라고 지적한다. 까마귀는 사회성과 지능이 높은 동물 중 하나로, 익살스러우면서도 감동적인 이야기들의 주인공이기도 하다. "그 새에게는 본래 일정한 빛깔이 없거늘, 내가 눈으로써 먼저 그 빛깔을 정한 것이다. 어찌 단지 눈으로만 정했으리오. 보지 않고서 먼저 그 마음으로 정한 것이다."

펼쳐 놓고 가만히 들여다보면 다채롭고 변화무쌍해 하나의 답으로 수렴되지 않는 것이 자연이다. 게다가 우리 각자의 위치성 때문에, 자연 현상 — 특히 다양성(diversity)과 변이(variation)가 속성인 생명 현상 — 에 내가 믿고 원하는 바를 투사하는 데 그치기 쉽다. 역설적으로 우리는 자연에서, 그리고 때로는 자기 자신과 서로에게서 더 멀어진다. 까마귀에 대해 말할 뿐, 정작 까마귀와 만나지 못한다.

있는 그대로의 자연을 다양한 각도에서 들여다보면, 복잡하고 불확실한 서사들이 엉켜 있다. 가령 제법 많은 동물들에서 나타나는 동성 간 성적 행동처럼 기대하지 못했던 이야기들은 누군가에게는 불편하고 누군가에게는 반갑겠지만, 우리 모두에게는 해방의 경험이다. 앎의 지평이 확장되고 그 안에서 서로를 더 깊이 이해하게 된다는 의미에서의 해방. 이 경험을 받아들일 때에만 우리는 더 많은 우리를 품는 자연의 서사에 가 닿을 것이다. 우리는 자연 앞에서 더 겸허해지고 또 서로에게 너그러워질 것이다.

마음을 정해 버리고 함부로 손을 대기 전에 먼저 자연을 — 그리고 그 안의 우리를! — 관찰하고 이해하려는 노력이 절실하다. 과학의 역사는 이것이 진정한 자연주의자(naturalist)의 태도임을 보여 왔다. 자연을 사랑하는 여러분 모두 자연주의자의 첫발을 내딛었다. 그런 자연주의자의 여정에 동행할 질문을 남긴다.

우리가 무언가를 자연스럽다고 여길 때, 어떤 행농을 자연스럽다는 이유로 정당화하거나 부정할 때, 우리는 어떤 자연에 대해 말하고 있는가?

후주

1장 자연스럽다는 말

1. "Oslo gay animal show draws crowds." *BBC news*, 19 Oct. 2006, http://news.bbc.co.uk/2/hi/europe/6066606.stm.
2. Williams, Dan, and Mark Potter. "Israeli Education Minister Implies Homosexuality Is Unnatural." *Reuters*, 12 Jan. 2020, https://www.reuters.com/article/world/israeli-education-minister-implies-homosexuality-is-unnatural-idUSKBN1ZB05F/.
3. 관심 있는 독자들은 Sommer, Volker, and Paul Vasey, editors. *Homosexual Behaviour in Animals: An Evolutionary Perspective*. Cambridge University Press, 2006과 Poiani, Aldo. *Animal Homosexuality: A Biosocial Perspective*. Cambridge University

Press, 2010을 참고하기 바란다.

4. Bregman, Rutger. "The Real Lord of the Flies: What Happened When Six Boys Were Shipwrecked for 15 Months." *The Guardian*, 9 May 2020, https://www.theguardian.com/books/2020/may/09/the-real-lord-of-the-flies-what-happened-when-six-boys-were-shipwrecked-for-15-months.

5. Duffy, Nick. "'Incredibly Caring' Gay Penguin Power Couple Welcome Second Chick." *PinkNews*, 23 Nov. 2020, https://www.thepinknews.com/2020/11/23/sphen-magic-gay-penguin-power-couple-welcome-second-chick/?utm_source=chatgpt.com.

2장 인공적인 것은 싫다는 말

1. 『에버스 파피루스(*Ebers Papyrus*)』 783번 처방. https://sae.saw-leipzig.de/en/documents/papyrus-ebers

2. Paul VI, *Humanae Vitae*, 25 July 1968. https://www.vatican.va/content/paul-vi/en/encyclicals/documents/hf_p-vi_enc_25071968_humanae-vitae.html.

3. Sudjicm, Olivia. "'I Felt Colossally Naive': The Backlash Against the Birth Control App." *The Guardian*, 21 July 2018, https://www.theguardian.com/society/2018/jul/21/colossally-naive-backlash-birth-control-app.

4. United Nations, Department of Economic and Social Affairs, Population Division. *Contraceptive Use by Method 2019: Data*

Booklet. ST/ESA/SER.A/435, 2019.

5. van Noordwijk, Maria A., S. Suci Utami Atmoko, Cheryl D. Knott, et al. "The Slow Ape: High Infant Survival and Long Interbirth Intervals in Wild Orangutans." *Journal of Human Evolution*, vol. 125, 2018, pp. 38–49. https://doi.org/10.1016/j.jhevol.2018.09.004.

6. NHS, "Side Effects and Risks of the Combined Pill." *NHS*, https://www.nhs.uk/contraception/methods-of-contraception/combined-pill/side-effects/.

7. Woloshin, Steven, Lisa Schwartz, and H. Gilbert Welch. *Know Your Chances: Understanding Health Statistics*. University of California Press, 2008. Chapter 3. https://www.ncbi.nlm.nih.gov/books/NBK126159/.

8. CDC, "Thrombosis with Thrombocytopenia Syndrome." *BCCDC*, http://www.bccdc.ca/health-professionals/clinical-resources/covid-19-care/covid-19-vaccinations/thrombosis-with-thrombocytopenia-syndrome.

9. World Health Organization (WHO). "Ten Threats to Global Health in 2019." *WHO*, https://www.who.int/news-room/spotlight/ten-threats-to-global-health-in-2019.

10. Volk, Anthony, and Jeremy Atkinson. "Infant and Child Death in the Human Environment of Evolutionary Adaptation." *Evolution and Human Behavior*, vol. 34, no. 3, 2013, pp. 182–192. https://doi.org/10.1016/j.evolhumbehav.2012.11.007.

3장 자연에는 질서가 있다는 말

1. Anonymous, "I'm an NHS Doctor – and I've Had Enough of People Clapping for Me." *The Guardian*, 21 May 2020, https://www.theguardian.com/society/2020/may/21/nhs-doctor-enough-people-clapping.
2. Poole, Steven. "'Key worker': How a 19th-Century Term Evolved into Political Rhetoric." *The Guardian*, 9 Apr. 2020, https://www.theguardian.com/books/2020/apr/09/key-worker-how-a-19th-century-term-evolved-into-political-rhetoric.
3. 「엄마의 육아 & 국가의 보육 정책, 아기가 행복하려면?' 법륜 스님의 답변」, 법륜 스님 즉문즉설 블로그, 2016년 11월 13일. https://pomnyun.tistory.com/280.
4. Yu, Hang, and Jared Leadbetter. "Bacterial Chemolithoautotrophy via Manganese Oxidation." *Nature*, vol. 583, 2020, pp. 453–458. https://www.nature.com/articles/s41586-020-2468-5.

4장 낳아 보지 않으면 모른다는 말

1. Fernández-Fueyo, Elisa, Yukimaru Sugiyama, Takeshi Matsui, et al. "Why Do Some Primate Mothers Carry Their Infant's Corpse? A Cross-Species Comparative Study." *Proceedings of the Royal Society B: Biological Sciences*, vol. 288, no. 1959, 2021. https://doi.org/10.1098/rspb.2021.0590.
2. 프란스 드 발, 이충호 옮김, 『동물의 감정에 관한 생각』(세종서적, 2019년) 제2

장에 더 자세한 내용이 소개되어 있다.

3. Riedman, Marianne. "The Evolution of Alloparental Care and Adoption in Mammals and Birds." *The Quarterly Review of Biology*, vol. 57, no. 4, 1982. https://doi.org/10.1086/412936.
4. van IJzendoorn, Marinus H., Eveline M. Euser, and Marian J. Bakermans-Kranenburg. "Elevated Risk of Child Maltreatment in Families With Stepparents but Not With Adoptive Parents." *Child Maltreatment*, vol. 14, no. 4, 2009. https://doi.org/10.1177/1077559509342125.
5. Numan, Michael. *The Parental Brain: Mechanisms, Development, and Evolution*. Oxford University Press, 2020.
6. Kramer, Karen. "Cooperative Breeding and its Significance to the Demographic Success of Humans." *Annual Review of Anthropology*, vol. 39, 2010, pp. 417-436. https://doi.org/10.1146/annurev.anthro.012809.105054.

5장 여자라서 그렇다는 말

1. Vicedo, Marga. "The Evolution of Harry Harlow: From the Nature to the Nurture of Love." *History of Psychiatry* vol. 21, no. 2, 2010, pp. 190-205. https://doi.org/10.1177/0957154X10370909.
2. Vicedo, Marga. *The Nature and Nurture of Love: From Imprinting to Attachment in Cold War America*. University of Chicago Press, 2013.

3. Vicedo, Marga. "The Social Nature of the Mother's Tie to Her Child: John Bowlby's Theory of Attachment in Post-War America." *British Journal of History of Science*, vol. 44, no. 3, 2011, pp. 401-426. https://doi.org/10.1017/S0007087411000318.

4. 사라 블래퍼 홀디, 유지현 옮김, 『어머니, 그리고 다른 사람들』(에이도스, 2021년).

5. Frederick Harlow, Harry. "The Development of Affectional Patterns in Infant Monkeys." *Determinants of Infant Behaviour*, edited by B. M. Foss, Wiley, 1961, pp. 75–88.

6장 남자라서 그렇다는 말

1. Vingerhoets, Ad, and Jan Scheirs. "Sex Differences in Crying: Empirical Findings and Possible Explanations." *Gender and Emotion: Social Psychological Perspectives*, edited by Agneta H. Fischer, Cambridge University Press, 2000, pp. 143–165와 Jellesma, Francine, and Ad Vingerhoets. "Crying in Middle Childhood: A Report on Gender Differences." *Sex Roles* vol. 67, 2012, pp. 412-421.

2. 천지인, 「21세기에 "엄마는 양육, 아빠는 공감 능력 부족" 말하는 교육부」, 《우먼타임스》. 2020년 5월 2일. http://www.womentimes.co.kr/news/articleView.html?idxno=50620.

3. Anderson, Abigail, Sophia Chilczuk, Kaylie Nelson, et al. "The Myth of Man the Hunter: Women's contribution to the hunt across ethnographic contexts." *PLoS One*, vol. 18, no. 6, 2023, e0287101.

https://journals.plos.org/plosone/article?id=10.1371/journal.pone.0287101.

4. Pontzer, Herman. "The Exercise Paradox." *Scientific American*, 1 Feb. 2017. https://www.scientificamerican.com/article/the-exercise-paradox/.

5. Ocobock, Cara, and Sarah Lacy. "The Theory That Men Evolved to Hunt and Women Evolved to Gather Is Wrong." *Scientific American*, 1 Nov. 2023. https://www.scientificamerican.com/article/the-theory-that-men-evolved-to-hunt-and-women-evolved-to-gather-is-wrong1/.

6. Gruss, Laura Tobias, Richard Gruss, and Daniel Schmitt. "Pelvic Breadth and Locomotor Kinematics in Human Evolution." *The Anatomical Record*, vol. 300, no. 4, 2017, pp. 739-751. https://doi.org/10.1002/ar.23550과 Warrener, Anna, Kristi Lewton, Herman Pontzer, et al. "A Wider Pelvis Does Not Increase Locomotor Cost in Humans, with Implications for the Evolution of Childbirth." *PLoS One*, vol. 10, no. 3, 2015, e0118903. https://doi.org/10.1371/journal.pone.0118903.

7. Haas, Randall, James Watson, Tammy Buonasera, et al. "Female Hunters of the Early Americas." *Science Advances*, vol 6, no. 45, 2020. https://doi.org/10.1126/sciadv.abd0310.

8. '누가 이 사냥 도구를 사용했을까?'는 생각보다 답하기 어려운 질문이다. 우리에게 남아 있는 것은 도구(의 일부)와 그 옆에 놓인 사람 뼈(의 일부)이기 때

문이다. 형사나 프로파일러가 된 것처럼 고고학자도 신중하게 논리를 펴야만 한다. 사냥했을 경우 뼈에 남아 있을 법한 흔적(예컨대 골절)이 있는지, 사냥 도구가 매장품이었는지 여부 등에 기대어 사냥 도구를 누가 사용했을지 유추한다. 뼈를 기반으로 개인의 성 정체성(젠더)까지 유추하기란 어려우므로, 고고학에서 성 감식은 생물학적 성에 초점을 맞춘다.

9. Hyde, Janet Shibley. "Gender Similarities and Differences." *Annual Review of Psychology*, vol. 65, 2014, pp. 373-398. https://doi.org/10.1146/annurev-psych-010213-115057.

10. Zell, Ethan, Zlatan Krizan, and Sabrina Teeter. "Evaluating Gender Similarities and Differences Using Metasynthesis." *American Psychologist*, vol. 70, no. 1, 2015, pp. 10-20. https://doi.org/10.1037/a0038208.

11. Hyde, Janet Shibley, and Marcia Linn. "Gender Similarities in Mathematics and Science." *Science*, vol. 314, no. 5799, 2006, pp. 599-600. https://doi.org/10.1126/science.1132154.

12. Kale, Sirin. "'I Always Wanted to be a Dad': The Rise of Single Fathers by Choice." *The Guardian*, 29 Jan. 2020, https://www.theguardian.com/society/2020/jan/29/i-always-wanted-to-be-a-dad-the-rise-of-single-fathers-by-choice.

13. Hewlett, Barry, and Shane Macfarlan. "Fathers' Roles in Hunter-Gatherer and Other Small-Scale Cultures." *The Role of the Father in Child Development*, edited by Michael E. Lamb, John Wiley & Sons, 2010, pp. 413-434.

14. 이 부분은 사라 블래퍼 허디의 다음 책에 자세하게 소개되어 있다. *Mothers and Others: The Evolutionary Origins of Mutual Understanding*, The Belknap Press, 2011. 이 책은 『어머니, 그리고 다른 사람들』(유지현 옮김, 에이도스, 2021년)이라는 제목으로 한국어판이 출간되었는데, '남성, 사냥꾼' 서사에 대한 최신 비평도 실려 있다.
15. 홍석준, 『아빠 육아 업데이트: 초보 아빠에서 베테랑 아빠로 나아가기』(영진미디어, 2021년).

7장 이게 사람 본성이라는 말

1. Wilson, Michael, Christophe Boesch, Barbara Fruth, et al. "Lethal Aggression in Pan Is Better Explained by Adaptive Strategies Than Human Impacts." *Nature*, vol. 513, 2014, pp. 414–417. https://www.nature.com/articles/nature13727.
2. 다음 연구들을 참고할 수 있다. Shibata, Shohei, and Takeshi Furuichi. "Intermale Relationships in Wild Bonobos at Wamba." *Bonobos and People at Wamba: 50 Years of Research*, edited by Takeshi Furuichi, Gen'ichi Idani, Daiji Kimura, Hiroshi Ihobe, and Chie Hashimoto, Springer, Singapore, 2024, pp. 285–310. https://doi.org/10.1007/978-981-99-4788-1_23; Shibata, Shohei, and Takeshi Furuichi. "Comparative Analysis of Intragroup Intermale Relationships: A Study of Wild Bonobos (*Pan paniscus*) in Wamba, Democratic Republic of Congo and Chimpanzees (*Pan troglodytes*) in Kalinzu Forest Reserve, Uganda." *Primates*, vol. 65, no. 4, July 2024, pp. 243–

255. https://doi.org/10.1007/s10329-024-01134-8; Mouginot, Maud, Michael L. Wilson, Nisarg Desai, and Martin Surbeck. "Differences in Expression of Male Aggression between Wild Bonobos and Chimpanzees." *Current Biology*, vol. 34, no. 8, 22 Apr. 2024, pp. 1780-1785.e4. https://doi.org/10.1016/j.cub.2024.02.071.

3. 자세한 내용은 Furuichi, Takeshi. *Bonobo and Chimpanzee: The Lessons of Social Coexistence*. Translated by Reiko Matsuda Goodwin, Primatology Monographs, Cambridge University Press, 2019를 참고.

4. Pusey, Anne. "Warlike Chimpanzees and Peacemaking Bonobos." *PNAS*, vol. 119, no. 31, 2022, e2208865119. https://doi.org/10.1073/pnas.220886511.

5. 김훈, 「오피니언 새해 특별 기고」, 《중앙일보》 2015년 1월 1일. https://www.joongang.co.kr/article/16832265.

6. 유튜브에서 포카로의 회고를 확인할 수 있다. "Steve Porcaro Story Behind Human Nature by Michael Jackson." *Youtube*, 4 Sept. 2015, https://www.youtube.com/watch?v=ITQPxZKm9dY.

7. 관심 있는 독자들에게 물리학자이자 과학사가인 이블린 폭스 켈러(Evelyn Fox Keller, 1936~2023년)의 책, 특히 『본성과 양육이라는 신기루』(정세권 옮김, 이음, 2013년)를 추천한다. 진화 생물학자이자 유전학자로서 생물학적 환원론, 우생학, 본성/양육 이분법 등을 비판한 리처드 르원틴(Richard Lewontin, 1929~2021년)의 『DNA 독트린』(김동광 옮김, 궁리, 2001년)과 『우리 유전자 안에 없다』(2판, 이상원 옮김, 한울아카데미, 2023년)도 한국어판으로 읽

을 수 있다.

8장 짐승이라는 말

1. 국립국어원. 『표준국어대사전』 (두산동아, 1999년).
2. 음악가 '모임 별'이 2018년에 발표한 곡.
3. 데이비드 쾀멘(David Quammen, 1948년~)의 *Spillover*는 이 주제로 잘 알려진 대중 과학서로 『인수공통 모든 전염병의 열쇠』(강병철 옮김, 꿈꿀자유, 2017년)로 번역되어 있다.
4. 2012년 메르스(MERS, Middle East Respiratory Syndrome)는 이름에 지역명이 들어가서 중동에 대한 편견뿐만 아니라 이 병이 중동에서만 나타난다는 오해도 불러일으켰다. 이에 WHO는 새로운 병 이름을 지을 때 "교역, 여행, 관광, 동물 복지에 불필요하게 부정적인 영향을 최소화하고, 특정 문화, 사회, 국가, 지역, 직업이나 민족 집단에 악의가 가해지는 것을 피하자."라는 방침을 발표했다.
5. 정혜윤 외, 『절멸』 (워크룸, 2021년).

9장 (안) 낳는 것이 옳다는 말

1. 최근 한국에서는 저출산과 저출생을 구별하고 후자를 선택하는 경향이 있어, 이 글에서도 저출생을 위주로 사용한다. 이와 별개로 인구학에서 출생 정도를 재는 다양한 측정법으로 출생률(혹은 조출생률, crude birth rate)과 합계 출산율(total fertility rate)이 있다. 후자를 뜻할 때 한정해 '출산'이라는 용어를 사용할 것이다. 출생률은 인구 1,000명당 태어나는 아이 수이며, 출산율은 한 여성이 평생 낳을 것으로 기대되는 평균 자녀 수다.

2. 여기서는 기후 변화의 정도가 커 전 지구적이고 심각한 영향을 가져온다는 점을 감안해 기후 변화 대신 기후 위기(climate crisis)라는 용어를 쓰는 흐름에 동참하고자 한다.

3. 과거 평당 10~13킬로그램가량 수확이 가능했던 수미는 현재 수확량이 6~8킬로그램으로 줄어들었으며 재배 비율도 60퍼센트를 넘기지 못하고 있다. 김기범, 「이상 고온·가뭄 못 버텨… "대한민국 대표 수미 감자는 끝났다"」, 《경향신문》. 2023년 6월 26일.

4. Milman, Oliver. "Buffalo Suspect May Be Latest Mass Shooter Motivated by 'Eco-Fascism'." *The Guardian*, 17 May 2022, https://www.theguardian.com/us-news/2022/may/17/buffalo-shooting-suspect-eco-fascism.

5. Trevelyan, Charles Edward. *The Irish Crisis*, Longman, Brown, Green & Longmans, 1848, p. 201. https://celt.ucc.ie/published/E840001-002/.

6. 마이클 샌델(Michael Sandel, 1953년~)은 『완벽에 대한 반론』(김선욱, 이수경 옮김, 와이즈베리, 2016년)에서 유전자 맞춤 기술이 도래한 시대에 자유주의 경쟁 체제가 어떻게 우생학의 귀환으로 이어질 수 있는지 논한다.

7. 일론 머스크(@elonmusk)의 X(트위터) 포스팅, 2022년 8월 26일. 원문은 다음과 같다. "Population collapse due to low birth rates is a much bigger risk to civilization than global warming."

8. Ament, Zach. "Elon Musk Wants 'Smart People' to Have More Children, Ex-Wife Says." *uinterview*, 11 Sept. 2023, https://uinterview.com/news/elon-musk-wants-smart-people-to-have-

more-children-ex-wife-says/.

9. Bruinius, Harry. *Better for All the World: The Secret History of Forced Sterilization and America's Quest for Racial Purity*, Knopf Doubleday Publishing Group, 2007, p. 6.

10. Bergsvik, Janna, Agnes Fauske, and Rannveig Kaldager Hart. "Can Policies Stall the Fertility Fall? A Systematic Review of the (Quasi-) Experimental Literature." *Population and Development Review*, vol. 47, no. 4, 2021, pp. 913-964. https://doi.org/10.1111/padr.12431.

11. Beehner, Jacinta, and Amy Lu. "Reproductive Suppression in Female Primates: A Review." *Evolutionary Anthropology: Issues, News, and Reviews*, vol. 22, no. 5, 2013, pp. 226–238. https://doi.org/10.1002/evan.21369.

12. Beaujouan, Eva, and Caroline Berghammer. "The Gap Between Lifetime Fertility Intentions and Completed Fertility in Europe and the United States: A Cohort Approach." *Population Research and Policy Review*, vol. 38, 2019, pp 507–535. https://link.springer.com/article/10.1007/s11113-019-09516-3.

13. King, Jordan. "Russia's Soaring Death Rate Blamed on 'War and Hard Liquor'." *Newsweek*, 13 Mar. 2025와 Mixed Migration Centre, "Uncertain Horizons: Russians in Exile." *Mixed Migration Centre*, 12 Feb. 2024를 참조하라.

10장 자연에 답이 있다는 말

1. 독일 귀족으로 본명은 빅토어 페르디난트 프란츠 유겐 구스타프 아돌프 콘스탄틴 프리드리히 호엔로에랑에부르크(Prince Victor Ferdinand Franz Eugen Gustaf Adolf Constantin Friedrich of Hohenlohe-Langenburg) 대공이다.
2. Darwin Correspondence Project, "Letter no. 2192." *Darwin Correspondence Project*, accessed on 26 Sept. 2022, https://www.darwinproject.ac.uk/letter/?docld=letters/DCP-LETT-2192.xml.
3. 찰스 다윈, 최재천 등 옮김, 『인간의 유래와 성 선택』 (근간, 사이언스북스). 출판사의 배려로 편집 작업 중인 문장을 인용했다.
4. 앞의 책.
5. 찰스 다윈, 장순근 옮김, 『찰스 다윈의 비글호 항해기』, 리젬, 2013년.
6. 찰스 다윈, 최재천 등 옮김, 『인간의 유래와 성 선택』 (근간, 사이언스북스).
7. 앞의 책.
8. 앞의 책.
9. Seacole, Mary. *Wonderful Adventures of Mrs. Seacole*, James Blackwood Paternoster Row, 1857, Chapter 8. 본문에서는 사라 살리흐(Sarah Slih)가 다듬은 2005년 펭귄 클래식(Penguin Classics) 판을 참고했다.
10. 앞의 책 서문에 인용된 내용으로, 서문은 사라 살리흐가 썼다.
11. 카리브 해와 대서양 연안 지역으로 크리스토퍼 콜럼버스(Christopher Columbus, 1450~1506년)가 아메리카 대륙을 인도로 오인한 데서 유래된 이름이다.
12. Pena-Vasquez, Andrea, and Maryann Kwakwa. "Barack Obama and Kamala Harris Both Identify as Black. The News Media Doesn't

Describe Both That Way." *The Washington Post*, 16 Sept. 2020, https://www.washingtonpost.com/politics/2020/09/16/barack-obama-kamala-harris-both-identify-black-news-media-doesnt-describe-both-that-way/.

13. 나이팅게일이 1870년 형부 해리 버니(Harry Verney, 1801~1894년)에 썼던 편지에서. "Letter, 5 August 1870." *Wellcome Collection*, Ms 9004/60.

14. 장영은, 「아프고 가난한 자를 위해, 숫자를 무기로 세상을 바꾸다.」 《경향신문》, 2020년 9월 15일. https://www.khan.co.kr/article/202009150600005.

15. Darwin Correspondence Project, "Letter no. 2192." *Darwin Correspondence Project*, accessed on 26 Sept. 2022, https://www.darwinproject.ac.uk/letter/?docId=letters/DCP-LETT-2192.xml.

16. Darwin, Francis. *The Life and Letters of Charles Darwin, Including an Autobiographical Chapter*. vol 1, John Murray, 1887, p. 87.

17. 찰스 다윈, 최재천 등 옮김, 『인간의 유래와 성 선택』 (근간, 사이언스북스).

18. Darwin, Charles. *Origin of Species: Fifth British Edition*, John Murray, 1869, p. 570.

19. Fuentes, Agustín. "'The Descent of Man,' 150 Years On." *Science*, vol. 372, no. 6544, 2021, p. 769. https://doi.org/10.1126/science.abj4606.

20. 관심 있는 독자는 유지니 스콧(Eugenie Scott)과 글렌 브랜치(Glenn Branch)의 「그것을 '다윈주의'라고 부르지 마라(Don't Call it "Darwinism")」을 참고하기 바란다. https://doi.org/10.1007/s12052-008-0111-2.

도판 출처

56쪽 위 Creative Commons Attribution 2.5. Photo by Frans de Waal.

56쪽 아래 Photo by Barth Wright.

61쪽 Creative Commons Attribution 4.0.

75쪽 저자 촬영 사진.

86쪽 University of Wisconsin-Madison Archives Collections .

105쪽 ⓒMatthew Verdolivo / UC Davis IET Academic Technology Services.

127쪽 Photo by Takumasa Yokoyama.

176쪽 Public Domain.

178쪽 Public Domain.

186쪽 Creative Commons Zero v1.0 Universal.

찾아보기

가
《가디언》 50, 113
가사노동 49, 84, 100
가설 107
가치 23, 44, 49, 51, 85, 132, 161
가치판단 19~20, 25, 35
간호학 192
강간 36
개구리 60
개코원숭이 74~77, 79~81
'거의 흑인' 189~190
「게이 동물에 관한 진실」 26
경제성장 161, 166~167
계통 62~63
고령화 166
고세균 62
고양이 74
고인류학 181
골딩, 윌리엄 24~25
  『파리 대왕』 24~25
골반 104
골상학 181
공간 인지 능력 101
공감 능력 101, 104, 109~110, 112~116, 132
공격성 23~25, 125, 130, 134
공동 양육 170
공동 육아 115
공동체 94
공산주의 92
공장식 사육 148, 151
공장식 축산 147
공존 153
공통 조상 141
과잉 인구 161
과학 8, 11, 105, 107~110, 181,

194~196, 198~199
과학 정신 198
과학사 97
과학적 인종주의 181
과학주의 8
대중 과학 7
사이비 과학 162
광견병 141
광합성 55
교감 신경 52
(구)소련 121
구달, 제인 71~73
구하라법 78
근친상간 36
글라이헨 백작 175~177
기근 93, 162
기린 18
기우 뷔기 144, 151~152, 160~161, 174
김훈 129
까마귀 200~201
꼬리감는원숭이 56
꿀벌 74

나

나이팅게일, 플로렌스 188, 191~193, 195
나치 25, 164
날갯짓 비행 143~144
남성성 106, 116, 187
남자, 사냥꾼 가설 8, 100~103, 106~107, 109
내추럴 사이클스 35
노동의 위계 49

노벨 문학상 24
노예제 181, 185~187
녹색 혁명 158, 160
농업 혁명 101
뉴욕 대학교 47
니파바이러스 148, 150

다

다성 기원론 180
다양성 62, 147, 201
다운 증후군 52
다윈 기원론 181
다윈, 찰스 177~189, 193, 195~199
　다윈, 헨리에타 195
　다윈의 황금률 195, 197
　다윈주의 198
　『비글 호 항해기』 185
　『인간의 유래와 성 선택』 177, 179~181, 183~184, 187, 194~197
　『종의 기원』 177, 179, 193~194, 197
다인종 191
단성 기원론 181, 183, 185
대체 출산율 172~173
대형 유인원 72, 81, 117, 177
　고릴라 81, 117
　보노보 18, 25, 81, 117, 125, 127~128
　오랑우탄 39, 81~82, 95, 117
　침팬지 25, 72~73, 81, 117, 124~127
도구 사용 102
도브잔스키, 테오도시우스 128
도시화 85
독박 육아 94, 98

독일 통일 168
돌봄 노동 49, 54, 79, 85, 91
동물 행동 연구 85
동물 행동학 71
동성 간 성적 행동 17~18, 21~22, 27, 126, 201
동성애 8, 18, 20~22, 26~28, 126, 131
동성애 혐오 21, 26~27
돼지 148~149
드 발, 프란스 56
DNA 108

라

라이트, 바스 56
람베스 회의 33
러시아-우크라이나 전쟁 120~122, 173
런던 왕립 협회 180
로마 가톨릭 교회 33, 35~36
루스벨트, 프랭클린 164

마

마틴, 리키 113
말라리아 141
맬서스, 토머스 142. 158, 160, 169
   맬서스 곡선 169
머리뼈 181
머스크, 일론 163~164
면역 반응 144
모성 본능 59, 66, 85, 91
모성의 진화 70
문명인 183
물리학 128~130

미국 공중 보건법 제10편 36

바

바오로 6세 33
   「인간 생명에 관해」 33
바이러스 141, 143~145, 147~148, 150~151, 153
박종선 200
박쥐 74, 140~143, 145, 147~148, 151, 153
「박쥐들 우리는」 140, 153
박지원 200
반려동물 77
발생학 179
방임 78~79
백신 42~45, 150
   백신 반대 운동 42
백조 18, 26
번식 억제 170~171
변이 201
병원체 144
'보살피는 이들을 위해 박수를' 캠페인 50
보세럽, 에스터 159
복잡 형질 52
본능 58~59, 88
본성 8, 92
본질주의 51
   본질주의적 사고 52~53, 60, 66
볼비, 존 88~89, 91~92
부모 78~79, 82
불임 시술 31, 37
불평등 159

불확실성 168
붉은털원숭이 85~89, 95
브루스, 힐다 40
　브루스 효과 40
비교 동물 행동학 179
비글호 항해 180, 185, 195
비버 157~158
비세도, 마르가 91
비자연 19
빅토리아 시대 177

사

사내다움 100
사냥 101~104, 106, 109, 116, 134
사람의 웃음 72
사랑의 기원 87
사망률 169, 173
사하라 사막 69
사회 관계망 서비스(SNS) 35
사회 문화적 배경 198
사회 변화 168
사회적 거리 두기 153
사회적 관계망 95
사회적 신호 72
사회적 털 고르기 74, 81
산림 파괴 145
산업 혁명 43, 162, 194
산업화 87, 159, 169
살아 있는 엄마 89~90, 96
살아 있지 않은 엄마 90, 96
살정제 34
살해 78~79
생명의 나무 62, 63~64

생명의 진화 62
생물 다양성 160~161
생물 인류학 10
생물학 78, 128~130, 182
생물학적 어머니 89
생식권 41
생태계 158
생태적 소 55, 142~143
생태적 조건 79
선결 문제 요구의 오류 36
선별 사육 164~165
선입견 29, 73, 105, 196
성 선택 이론 187
성 정체성 198
성공회 33
성별 51, 106, 198
성악설 24
성역할 101, 106
성적 자기 결정권 35, 38
성차 110~112
성차별 197
세계 대전 87, 134
세계 보건 기구(WHO) 42, 45, 145
세균 62
세월호 참사 129~130
소통 95
쉴리, 게이르 17~18, 28
수동성 90
수렵 채집 사회 101~102, 114
수미 감자 160
수용 능력 156~159
수유 80~81
숙주 146~147, 151

스트레스 52, 148, 171
  스트레스 대응 체계 170
스팅 121, 124, 131
  「러시아 사람들」 121
시 라이프 시드니 아쿠아리움 28
시상하부-뇌하수체-부신 축 170
시콜, 메리 175~180, 188~189,
  191~193, 195
  영국인 호텔 175, 191
식량 고갈 158
식민주의 184
식민지 확장 194
신경 내분비 체계 80
신체 활동의 역설 57
심장 60

아

「아버지를 위한 자녀 교육 가이드」
  100~101, 113
아이소포스(이솝) 142~143
아일랜드 대기근 142
아카 부족 114, 116
안락 의자 인류학 107
알바트로스 28
애착 85, 115, 131
애착 이론 88, 91~92, 97
야만성 45
야만인 183, 187
양 26
양육 38, 40, 46, 77~79, 81~82, 91,
  93~94, 101, 104, 113~117, 134, 169
어류 62
언어 능력 101

에볼라 141
에스트로겐 35
에이즈 141
에페 부족 115~116
MBTI 51~52
여성 혐오 188
여성주의 운동 33
영아 살해 38, 41, 59, 125
영장류 43, 55, 70, 74, 76~77, 80, 98,
  115, 132, 170
오바마, 버락 190~191
오소리 143
오슬로 대학교 17, 21
옥시토신 131
요리 54, 99~100
우두균 44
우생학 161~163, 184
워킹맘 87, 90
원형 135
월경 주기 34~35
월리스, 앨프리드 러셀 179, 194
웨지우드, 조사이아 185~186
유대 관계 80, 88~89
유산 40
유엔 인구 기금 36
유인원 25, 63, 126, 177, 179
유전적 부동 184
유전학 179, 181
육아 58~59, 77, 84~85, 87, 95, 101,
  116~117
육체 노동 49, 55, 57
육체와 정신의 위계 58
의인화 71~73

이른 신석기 시대 106
이상 기온 160
이성애 20, 131
이원론 57
이집트아카시아 32, 37
인간
    인간 본성 7, 85, 10, 124, 126, 130, 133~136
    인간 정서 87
    인간 중심주의 60
    인간 행동 10
    인간성 44~45
    인간의 진화 8, 25, 63, 80, 82, 93~94, 101~102, 108, 115, 117, 152
인공 수정 113
인공 위성 121
인구
    인구 감소 155~156, 173
    인구 과잉 158~159, 161
    인구 폭발 159, 161
    인구 폭탄 158
    인구학적 배당금 166~167
    인구학적 천이 169
인두법 44
인류애 193
인류의 아프리카 기원론 179, 181
인수 공통 감염 141, 144~145, 147, 149~153
    역인수 공통 감염 142
인종 51, 180~183, 185, 189~191, 198
인종 차별 181, 185, 188, 190, 197
임금 노동 49, 84, 87
임신 39~41, 46, 78, 80~81, 101, 170~171
임신 중절 36, 38, 40
입양 77, 123

자

자기 결정권 57
자만추 9
자본주의 49, 84, 161
자연 8~10, 18~20, 24, 29, 41, 58, 126, 135, 196, 201~202
    자연 과학 85, 195
    자연 상태 25
    자연 선택 38, 179, 184
    자연 유산 40
    자연 재해 162
    자연 피임 34~37, 42
    자연스러움 9~10, 19~20, 29, 37, 46, 201
    자연주의의 오류 22~26
    자연주의자 202
자율성 57
잭슨, 마이클 132~133
    「인간 본성」 132~133
저출생 7, 156, 163, 166~167, 169, 171~174
적응적 가설 125
적합성 검사 78
전업 주부 84
전염병 43, 109
전쟁 130, 132, 134~135, 162
전통 피임법 31~32, 38, 42
『절멸』 149

점박이하이에나 23
정관 수술 34
정상성 123
젖산 32
제국주의 181
제너, 에드워드 44
젠투펭귄 28
조류 27, 77
조류 인플루엔자 141
존재 23
중동호흡기증후군(MERS) 145
중생 139~140
중증급성호흡기증후군(SARS) 145
지구력 103
지동설 107
지속 가능성 161
직립 보행 102
진보 184~185
「진보의 행진」 63
진사회성 27, 60, 80
진핵생물 62
진화 7, 11, 38, 41, 54, 60, 63~64, 79, 184, 198
   진화 과학 9~10
   진화 생물학 198
   진화 심리학 10
   진화 인류학 10
   진화 행동 과학 10~11
   진화론 197
   진화사 79, 107
짐승 139~140, 150~151
집단 감염 148
집단 지성 152

짧은꼬리마카크 56

차

차그마개코원숭이 69~70, 73~76, 78
착상 171
채집 101~103
처칠, 윈스턴 164
천동설 107, 109
천연두 43~45
천연두 백신 44~46
『초기 인류』 64
초사회성 152
출산 7, 41, 46, 78, 80~81, 84, 101, 170~171
출산율 155, 166~169, 172~173

카

카푸로, 스콧 26~27
캐럽 32
「컨테이젼」 148
코로나바이러스감염증-19(코로나19) 42, 131, 140~141, 145, 153
   SARS-CoV-2 바이러스 131, 140, 146
   코로나19 백신 42, 45
   코로나19 범유행 50, 119, 140, 145~148, 151~152
코플리 메달 180
콘돔 31, 34, 37
크레올 189
크림 반도 188
크림 전쟁 175, 177, 190~192, 195

타

탁월하게 만족스러운 엄마 90~92, 95
탄산 망가니즈 62
탄소 배출 144, 152, 159, 161
탐폰 32
토토 133
트레벨리언, 찰스 142

파

파충류 62
페레츠, 라파엘 20
펭귄 18
편견 193~195
평화 136
폐암 41
포스트 코로나 151~153
포유류 27, 39, 62, 77, 80~81, 93, 143~144, 146, 153
포카로, 스티브 133~134
폭력성 134
『표준 국어 대사전』 139
푸엔테스, 아구스틴 197
푸틴, 블라디미르 173
풀, 스티브 51
프로게스테론 35
피임 32~33, 40~41
　전통 피임법 31~32, 38, 42
　피임법 31~32, 37
　피임약 31, 33~35, 41~42, 46
필수 업무 47~48

하

하드자 부족 103
하스, 랜달 104, 107
하이드, 재닛 110~111
학대 77~79
한 방울 원칙 190
할로, 해리 85~86, 89~90, 95~98
해리스, 카멀라 190~191
해부학 179
핵가족 93~94
핵심 노동 66
　핵심 노동자 50~51, 58
행동 생태학 10
행복의 역설 156
헌팅턴병 52
현지 조사 108
혈액형 심리학 52
혈전증 41~42, 45~46
협동 102
협동 육아 80~82, 93~94
형질 52~53, 164~165
호르몬 80, 103
호모 날레디 199
호모 사피엔스 107
「호모 사피엔스로 가는 길」 64
혼외 성관계 33
홀로코스트 163
홍석준 117
　『아빠 육아 업데이트』 117
화석 연료 143~144
화학 128~129
　화학 합성 55
확증 편향 23, 112, 195
환경 39, 51, 62, 127, 141~142, 148, 159
흑사병 141

자연스
럽다는
말

1판 1쇄 찍음 2025년 10월 15일
1판 1쇄 펴냄 2025년 10월 31일

지은이 이수지
펴낸이 박상준
펴낸곳 ㈜사이언스북스

출판등록 1997. 3. 24.(제16-1444호)
(06027) 서울특별시 강남구 도산대로1길 62
대표전화 515-2000 팩시밀리 515-2007
편집부 517-4263   팩시밀리 514-2329

ⓒ 이수지, ㈜사이언스북스, 2025. Printed in Seoul, Korea.

ISBN 979-11-94087-11-3 03470